PRIMERAS FRASES

—Para—
Redes De Mercadeo

Cómo _Rápidamente_
Poner A Los Prospectos
De Tu Lado

TOM "BIG AL" SCHREITER

Para información, contacte:

Fortune Network Publishing
PO Box 890084
Houston, TX 77289 Estados Unidos

Teléfono: +1 (281) 280-9800

ISBN: 1-892366-52-5

ISBN-13: 978-1-892366-52-8

DEDICATORIA

Este libro está dedicado a los empresarios de redes de mercadeo de todo el mundo.

TALLERES DE BIG AL

Viajo por el mundo más de 240 días al año impartiendo talleres sobre cómo prospectar, patrocinar, y cerrar.

Envíame un correo electrónico si quisieras un taller "en vivo" en tu área.

BigAlsOffice@gmail.com

TABLA DE CONTENIDOS

PREFACIO

Decidimos comer en un restaurante frecuentemente antes, incluso, de ver el menú. Y juzgamos un video en los primeros pocos segundos.

¿Por qué?

Por que estamos ocupados. Tratamos de evitar actividades que nos hagan perder nuestro tiempo, como escuchar largas y aburridas presentaciones de ventas. Nuestras mentes deciden instantáneamente si nos agrada el vendedor, o no. Nuestras mentes deciden instantáneamente si la oferta del vendedor nos parecerá interesante, o no.

Y finalmente, nuestras mentes deciden instantáneamente si confiamos y creemos en el vendedor.

Hacemos estas decisiones basados en la primera frase, o las primeras pocas frases. Estamos sólo a unos segundos del éxito... o del fracaso.

Si nuestras primeras frases son malas, se acabó. No tenemos oportunidad.

¿Quieres mejorar tu negocio? La manera más rápida es mejorar tu primera frase.

- Tom "Big Al" Schreiter

Los distribuidores no son perezosos.

Las personas perezosas no se pierden sus programas de televisión por cable favoritos para asistir a una junta de oportunidad. Las personas perezosas no invierten en un paquete de distribuidor costoso, literatura promocional y productos. Y las personas perezosas no comprometen su tiempo parcial cada semana para construir un futuro para ellos mismos y sus familias.

¿Y por qué mis distribuidores no están trabajando?

Los nuevos distribuidores tienen dos problemas.

1. No saben qué hacer.

2. Hacen las actividades equivocadas.

Estos son problemas serios.

Conduzco entrenamientos alrededor del mundo. Durante la primera hora de mis talleres de Súper Patrocinios, le hago a los asistentes una simple pregunta:

–¿Cuál es la **primera** frase que sale de tu boca cuando haces una presentación de negocio con un prospecto?

Silencio incómodo.

Los asistentes **evitan** el contacto visual.

Los asistentes fingen mirar sus notas.

El salón entero se retuerce en agonía, con la esperanza de que alguien, quien sea, responda la pregunta. Si no digo nada, ¡nada más sucedería durante el resto del día!

Finalmente le doy a los asistentes algo de alivio. Les explico que sólo tenemos **una oportunidad** de hacer una buena primera impresión. Si nuestra primera impresión es genial, podemos cometer errores durante el resto de nuestra presentación y aún le agradaríamos a nuestro prospecto... y aún querría unirse.

Si nuestra primera impresión causa que nuestro prospecto levante sus defensas, mentalmente esconda su billetera, y evalúe cada comentario desde una mentalidad negativa y escéptica, entonces estaremos en grandes problemas. Podríamos dar la mejor presentación, completa con un espectáculo láser, y **aún así el prospecto no querría afiliarse.**

Así de importante es nuestra primera frase en nuestra presentación. Casi lo es todo.

Esto es verdad para cualquier presentación:

* una junta de oportunidad,

* una llamada telefónica de prospección,

* o una presentación de negocio en la mesa del comedor.

Tu primera frase determinará el humor y cooperación de tu prospecto.

Una mala primera frase causará que tu prospecto cruce los brazos, levante sus defensas, proteja su billetera, y escuche con una actitud escéptica.

Una primera frase genial hará de tu prospecto un socio. Tu prospecto perdonará el hecho de que no recuerdes el nombre de tu compañía, que te confundas con los ingredientes de tu producto, y que no tengas ni idea de cómo funciona el plan de compensación.

Tu prospecto toma decisiones en los primeros pocos segundos tales como:

* ¿Debería de confiar en esta persona?

* ¿Debería de creer lo que esta persona dice?

* ¿Me agrada esta persona?

* ¿Esta persona está tratando de aprovecharse de mí?

* ¿Quiero hacer negocios con esta persona?

Es por esto que debemos desarrollar una primera frase genial. La mayoría de los entrenamientos se concentran en cómo presentar el producto o el plan de compensación.

Horas y horas se pierden memorizando y practicando técnicas de presentación y cierre.

¡Es un esfuerzo perdido!

Si la frase de apertura es genial, puedes mutilar el resto de tu presentación y aún así los prospectos rogarían por que los dejes unirse. O, por lo menos, los prospectos escucharían con atención.

Piensa en ello de esta manera:

"Prefiero que mis distribuidores den presentaciones deficientes a prospectos que los aman, a que den presentaciones impecables a prospectos que los odian."

Así que, regresando al taller de Súper Patrocinio y los asistentes incómodos. Le he pedido a los asistentes que me digan la primera frase que sale de su boca cuando dan una presentación.

Y entonces comienzan las excusas.

Los asistentes dicen:

* –Oh, yo sólo pienso en algo ahí mismo, lo que se sienta bien en el momento.

* –Siempre comienzo con la segunda. Nunca uso una primera frase.

* –Estoy confundido. ¿Te refieres a la primera frase en una junta de oportunidad? ¿O te refieres a la primera frase en una presentación casera?

* –Simplemente improviso.

* –Depende del prospecto, el clima, o cómo me sienta.

* –Me concentro en la presentación multimedia con el plan de compensación. Nunca me preocupa cómo se sienta el prospecto.

Correcto. Seguro.

¿Quieres saber lo que los asistentes **realmente** están diciendo? Ellos dicen:

"No sé qué decir."

Sus patrocinadores **nunca les enseñaron** la importancia y la estrategia de una buena primera frase. Nunca les enseñaron a decir las primeras palabras efectivas para comenzar una presentación de negocio exitosa. Eso es triste.

Cuando tus distribuidores:

1. No saben qué hacer.

2. No saben exactamente qué decir.

3. Y no saben cómo comenzar una presentación exitosa.

¿Adivina qué?

¡No hacen nada!

Los distribuidores no son perezosos.

Ellos desesperadamente quieren construir un negocio.

Simplemente no saben qué decir y hacer.

Tú sólo tienes una oportunidad de hacer una buena primera impresión. Aún así, distribuidores sin entrenamiento destruyen buenos prospectos y los convierten en coágulos sangrientos con un odio en contra de las redes de mercadeo.

Aquí está el test.

Escribe la primera frase que sale de tu boca cuando le das una presentación de negocio a un prospecto.

* ¿Tu primera frase desconecta al prospecto?

* ¿Tu primera frase te hace sonar como un vendedor?

11

* ¿Tu primera frase hace que el prospecto levante su escudo de resistencia contra las ventas?

¿O tu primera frase hace que tu prospecto inmediatamente quiera ser tu asociado?

Haz una pausa por un minuto. Escribe, o di en voz alta, la primera frase que usas.

Una simple frase para captar la atención de tu prospecto instantáneamente.

Antes de comenzar tu presentación, podrías decir:

* Si tienes unos minutos, me gustaría decirte cómo puedes renunciar a tu empleo y hacer más dinero.

* Si tienes unos minutos, me gustaría decirte cómo puedes ganar un ingreso de tiempo completo trabajando dos noches por semana.

* Si tienes unos minutos, me gustaría decirte cómo puedes conseguir un coche nuevo y nunca pagar las mensualidades jamás.

* Si tienes unos minutos, me gustaría decirte cómo podemos hacernos millonarios.

* Si tienes unos minutos, me gustaría decirte cómo podemos tener vacaciones gratis de por vida.

* Si tienes unos minutos, me gustaría decirte cómo un amigo recibió un aumento de 50%, y ahora trabaja desde su casa.

* Si tienes unos minutos, me gustaría decirte cómo podemos tener un negocio juntos.

* Si tienes unos minutos, me gustaría decirte cómo recibo deducciones de impuestos por mi negocio, como las compañías grandes.

"Si tienes unos minutos..." es una frase de apertura genial que es amable y evita el rechazo.

¿No es eso más interesante?

Esos son ejemplos de primeras frases que pueden despertar el interés de tu prospecto.

Aquí hay algunos ejemplos de primeras frases que pueden crear alarmas de ventas y resistencia en tus prospectos:

* Déjame hablarte sobre mi fabuloso negocio.

* Tengo una oportunidad buenísima que yo sé que será perfecta para ti.

* ¿Mantienes abiertas tus opciones de ingreso residual?

* Me acabo de involucrar con la mejor compañía y productos...

* Esta es una oportunidad que va despegando garantizada a ser ganadora.

Bien, tienes la idea.

Algunas frases crearán buenos prospectos con mente abierta que están dispuestos a escucharnos, y algunas frases cerrarán las mentes de nuestros prospectos instantáneamente.

Usa tu imaginación.

Pretende que eres el prospecto. ¿Qué es lo que el prospecto quiere escuchar?

Por ejemplo, si quieres una pregunta de apertura que informe de antemano a tus prospectos sobre el poder de las ventajas de impuestos de un negocio basado en casa, prueba con algunas de **mis favoritas** como:

* ¿Te gustaría recibir un reembolso de impuestos de $100 cada mes?

* ¿Estás pagando los impuestos más altos permitidos por ley al ser empleado?

* ¿Te gustaría recibir algunas de las deducciones de impuestos que usan los ricos?

* ¿Te gustaría celebrar todos los años el 15 de abril – y reír mientras tus amigos hacen sus declaraciones de impuestos?

¿Ideas?

Y finalmente, aquí hay algunos de mis encabezados y primeras frases favoritas para despegar tu imaginación antes de comenzar el próximo capítulo:

"¿Este es tu problema secreto?" (La curiosidad lo hace fácil.)

"Omite los desplazamientos y trabaja desde tu casa." (El dolor de estar sentado en el tráfico quemando costosa gasolina motivará a tu prospecto a escuchar.)

"99% de tus amigos están en un error." (Como estamos de acuerdo, queremos escuchar más.)

15

"Elimina 3 pulgadas de tu cintura este fin de semana." (Como personas que hacemos dieta, albergaremos eternas esperanzas para casi cualquier promesa de dietas. Los próximos ejemplos demuestran esa promesa a las personas que hacen dieta.)

"El quema-grasa que trabaja mientras duermes."

"El remedio dietético natural que casi funciona demasiado rápido."

"Sólo los tontos hacen dietas a la antigua."

"¿Conoces a alguien con cuentas por pagar esta Navidad?" (Una declaración con un enfoque muy específico. Si conocemos a alguien con este problema, tendremos su atención total.)

"Cómo cambiar una carrera sin salida." (Atrae a alguien que tiene mente abierta y no ha renunciado a la esperanza.)

"Cuando NO comer saludablemente." (¡Tienes mi atención de inmediato!)

"Tres razones para despedir a tu jefe mañana." (Le da a los prospectos una visión de cambiar sus vidas inmediatamente.)

"Cómo salir de deudas en sólo tres años." (Tres años se ve realista y creíble.)

"Por qué tus vecinos y amigos salen adelante – ¡y tú no!" (Todos pensamos que los demás tienen algún secreto que nosotros no sabemos. ¡Tenemos que saber más!)

"Nunca pagues otra factura de teléfono móvil jamás." (Las personas se emocionan ya que sienten que los proveedores de servicios les cobran demasiado.)

"Sólo tres horas de sueño – !aquí hay pruebas!" (Aprendí esta de Art Jonak. Si agregas las palabras "¡Aquí hay pruebas!"… las personas por naturaleza tienen la curiosidad de saber más.)

"Toma unas vacaciones de seis meses dos veces al año, y contrata a tu jefe para que haga el trabajo." (Totalmente disparatado, pero soñamos, y queremos saber más.)

"Piensa como millonario." (Pensar no suena muy difícil. Parece como un paso fácil de tomar.)

"Por qué este expulsado de la preparatoria de 28 años gana más que su jefe." (Sentimos que tenemos más conocimientos que un expulsado de 28 años. Nos da confianza de que podemos sobrepasar los resultados de alguien que echaron de la preparatoria.)

"Luce como un millonario por menos de $50." (No suena difícil. ¿Quién no querría verse fabuloso por menos de $50?)

"Gana más dinero del que tu esposa puede gastar." (El humor traerá una sonrisa al rostro de tu prospecto, y naturalmente reducirá la resistencia a las ventas.)

"Obtén ese 'look' facial de spa exclusivo por sólo $1.95 al día." (Reducir el costo a un monto diario es una manera fácil de superar la resistencia de precios.)

"¿Pasas saliva cuando tu jefe te dice que tienes que trabajar horas extra?" (Todos tenemos orgullo y odiamos

17

sentirnos impotentes. Esta pregunta golpea duro en esas emociones.)

"Retírate a los 35 – no a los 65." (Y podrías cambiar esa edad a 25 si estuvieses hablando con prospectos más jóvenes.)

"Dale un beso de despedida a tu deuda con las tarjetas de crédito." (Su objetivo son las personas con pagos mínimos sobre las tarjetas de crédito. Su motivación por más dinero para hacer estos pagos mantendrá sus mentes abiertas para nuestra presentación.)

"Dale un beso de despedida a la hipoteca." (Las personas sueñan con el flujo de dinero extra cuando no tengan esos enormes pagos de la hipoteca.)

"Deja que los infartos y ataques cardíacos le ocurran a alguien más." (Vivir por siempre… ¡sí! O por lo menos un largo rato. Es lo desconocido lo que incomoda a los prospectos. Aquí está una promesa para remover lo desconocido y aliviarlos de ese estrés.)

Dos primeras frases realmente cortas.

Prepara dos sobres.

En el exterior de un sobre escribe la palabra:

"Interesado."

En el exterior del otro sobre, escribe las palabras:

"No Interesado."

Las primeras frases no pueden ser más cortas que eso.

Ahora, aproxímate a un prospecto con tus dos sobres y ten una pequeña conversación.

Si el prospecto no está interesado en asistir a una junta de oportunidad, escuchar sobre tu negocio o producto, o revisar un paquete preliminar, mira a tus dos sobres y dale el sobre marcado con "No Interesado."

El prospecto notará tu otro sobre marcado con "Interesado." La curiosidad comienza. Tu prospecto puede estar pensando: –Hey, realmente quiero saber qué es lo que hay en el sobre de "Interesado." Quizá deba de cambiar de opinión y estar interesado. Quizá deba de pedir una presentación.

Si el prospecto no está interesado de verdad, recibirá el sobre marcado "No interesado" y puede revisar los contenidos para los "No interesados" a placer. Puedes colocar algunos cupones de descuento para tus productos o servicio en este sobre, o quizá una carta en busca de referidos.

¿Qué puedes colocar dentro del sobre de "Interesado"?

Usa tu imaginación.

Puedes tener una aplicación, un catálogo, testimonios, un audio de "cómo comenzar" o cupones gratuitos para un entrenamiento. El punto del ejercicio es que la mayoría de los prospectos quieren lo que está dentro del sobre con "Interesado."

Verás, las primeras frases no tienen que ser largas. Pueden ser tan cortas como una o dos palabras.

Los prospectos tienen períodos de atención cortos, pero responderán si nuestras primeras frases y encabezados tienen beneficios claros.

¿Algunas primeras frases cortas y encabezados para darte ideas?

* "La dieta de 15 segundos."

* "Sin empleo."

* "Día de entrenamiento turbo."

* "Quédate con tus impuestos."

* "Alivio de impuestos en una hora."

* "Renuncia a tu trabajo a sueldo completo."

* "Bebida energética de 24 horas."

* "Servicio móvil gratuito."

* "Barrita de snack sin azúcar."

* "Programa de súper vitaminas de una caloría."

* "Juventud de la noche a la mañana."

* "Descuento instantáneo."

* "Salud impresionante en una cápsula."

* "Pierde 2 kilos por semana."

* "Efectivo por tus compras."

* "No más arrugas."

* "Despide a tu jefe."

* "Fines de semana de 3 días por siempre."

* "Tartas de 30cms de altura." (Yo personalmente probé cuatro de estas tartas, pero sólo promediaron 25.5cms de altura. Aún así, no me decepcionaron.)

Debido a que estas son primeras frases y encabezados muy cortos, son perfectas para anuncios de autos y otra publicidad de espacios limitados. Todos estos ejemplos dejan bastante espacio para tu número de teléfono y página web.

Cada una de estas primeras frases hace una poderosa declaración de apertura. Perfectas para eventos de redes y discursos también.

¿Qué hay del teléfono?

El teléfono es intimidante para los nuevos distribuidores que no saben qué decir. Los nuevos distribuidores instintivamente saben que su primera frase puede condenarlos, y tienen miedo de decir algo incorrecto.

**¿Qué puedo decir como frase de apertura
cuando trato con consultas telefónicas?**

Muchas veces no es tanto lo **que** dices, sino **cómo** lo dices.

Por ejemplo, digamos que tenemos una frase mágica que trabaja de maravilla. Decimos:

–Me gustaría mostrarte cómo puedes construir un buen ingreso de medio tiempo.

Esta afirmación podría funcionar con algunos distribuidores, pero no para otros. ¿Por qué?

Se debe a **quién** eres… y en lo que **crees**.

Supón que un truculento vendedor de coches usados dice:

–Me gustaría mostrarte cómo puedes construir un buen ingreso de medio tiempo.

No sería muy efectivo, ¿o sí?

Supón que un niño de tres años dice:

–Me gustaría mostrarte cómo puedes construir un buen ingreso de medio tiempo.

El prospecto no respondería favorablemente, incluso si se dicen las palabras correctas. El prospecto estaría pensando que el niño de tres años no tiene credibilidad.

¿Qué sucede cuando crees en lo que estás diciendo?

Si de verdad crees que puedes ayudar a la persona que llama, se nota a través de tu voz.

El prospecto instintivamente **siente** quién eres y en lo que crees. Y ese sentimiento es más importante que las palabras que usas.

Ahora, para unas cuantas ideas de lo que podrías decir:

* Gracias por llamar. ¿Qué parte del anuncio te interesó?

* Gracias por llamar. ¿Sobre qué te gustaría que te platicara primero?

* Gracias por llamar. ¿Qué tipo de oportunidad estás buscando?

Todas estas afirmaciones son simples. Recuerda no hay magia en las frases anteriores. La magia no está en lo **que** dices, sino **cómo** lo dices.

La solución de Jackie.

Yo estaba en San Antonio, Texas, hablando con Jackie Clayton. Le pregunté a Jackie qué era lo que marcaba la diferencia cuando estaba llamando a los prospectos.

Cuando el prospecto responde al teléfono, ella dice:

–Veo que has estado buscando un negocio basado en casa. Así que, ¿por qué todavía no has encontrado un negocio basado en casa?

Entonces, Jackie me explicó por qué estas dos frases funcionan tan bien.

–La clave es la pregunta: 'Así que, ¿por qué todavía no has encontrado un negocio basado en casa?'

Jackie continuó: –Los prospectos se relajan, ellos hablan y yo escucho. Ellos me dicen exactamente por qué no eligieron otros negocios y ahora ya sé exactamente lo que están buscando. Así que cuando les hablo sobre mi negocio, es fácil.

Pensé sobre este acercamiento y tiene sentido.

Primero, tus prospectos se sienten bien debido a que ellos pueden hablar en lugar de nosotros hacer la charla y venderles.

Segundo, si escuchas atentamente, sabrás cómo aproximarte a estos prospectos de una manera que hará fácil que acepten tu información.

Y **tercero,** esta manera es prácticamente libre de rechazo para tener una conversación con los prospectos. Esto debe de hacer las llamadas en frío de patrocinio mucho más placenteras.

¿Necesitas unas cuantas ideas de primeras frases y encabezados más? Prueba estas.

* "Filósofo de cantina finalmente gana dinero real con su nuevo negocio."

* "Cuatro razones por qué tu carrera es un peligro para tu cuenta de banco."

* "La 'bola de grasa' revela el secreto de cómo perdió peso sin ejercicio.

* "Cómo dos flojos de sillón sin inspiración reciben cheques semanales en el correo."

* "Cómo un contador con personalidad adorable le muestra a las personas a comenzar un nuevo negocio."

* "Ama de casa de Knoxville le ayuda a empleados de oficina a romper el hábito del empleo."

* "Cómo este quema-grasa natural reducirá tres tallas de tu cintura en sólo siete días."

* "Por qué un empleado bancario con buen sueldo renunció a su trabajo para ganar más dinero para su familia."

* "Veterano 'caddie' de 49 años comienza su propio negocio de medio tiempo, y ahora es dueño del campo de golf."

Los datos duermen. Las historias venden.

Hace casi 40 años atrás, escribí un libro sobre patrocinar. En el libro, le dije a mis lectores que:

"Los datos duermen. Las historias venden."

Esa explicación fue muy corta para ser útil para la mayoría de los lectores. Estoy seguro que la mayoría de los lectores leyó las dos frases, sonrió, y rápidamente pasó al siguiente capítulo.

Recientemente, asistí a un taller.

Estaba escuchando a los conferencistas explicar por qué las historias venden y los datos **sólo** duermen. Escuché con interés, no sólo por que lo que decían era cierto, sino que también tenían los resultados para probarlo. Sus negocios estaban creciendo rápidamente.

Aquí está lo que realmente captó mi atención.

¡Su primera frase!

Hicieron la siguiente demostración. A la primera persona en la audiencia, ellos le dijeron:

–Tengo una maravillosa oportunidad de negocio. ¿Quieres escuchar sobre ello?

26

Por supuesto que el prospecto dijo que no estaba interesado, muy ocupado, y estaba saliendo para hacer una importante llamada telefónica. La mayoría de las personas no están interesadas en escuchar el **dato** de que tienes una maravillosa oportunidad de negocio.

A la segunda persona en la audiencia, ellos le dijeron:

–Déjame platicarte lo que me ocurrió hace dos días.

La segunda persona respondió: –¿Qué te ocurrió?

Los oradores podían entonces comenzar la presentación de negocio.

Debido a que el prospecto asumía que era una **historia**, el prospecto quería saber cómo terminaba. Todos están interesados en cómo termina una historia. Es por eso que las telenovelas son tan populares en la programación.

Si no ves la profunda diferencia entre estos dos acercamientos, te estás perdiendo de algo realmente grande.

Tus distribuidores **detestan** el rechazo. Y para evitar el rechazo, no contactarán personas.

El segundo acercamiento, que es platicar una historia al prospecto, **evita el rechazo.** Esto casi te garantiza que una presentación comience con algo de impulso positivo.

Y si no sabes cómo comenzar una historia, sólo di estas palabras:

"Tengo una buena historia."

Estas palabras son difíciles de resistir.

A la gente le gustan las historias sobre gente.

Las personas están interesadas en otras personas. Es nuestra naturaleza.

Así que, hagamos que nuestras primeras primeras frases sean sobre personas, no sobre datos.

Esta es una lección gigante para que usemos en nuestro negocio. Esto debe de cambiar el cómo introducimos nuestra oportunidad, nuestro servicio, o nuestros productos.

¿Quieres algunos ejemplos?

¿Cual de éstas dos frases encuentras más interesante y efectiva?

A. Nuestra oportunidad te provee algunas ventajas contables que pueden reducir tu tasa de impuestos efectiva de 31% a 28%.

B. Déjame platicarte sobre la señora de Fairfield, Vermont que ahora gana $350 por semana y se puede quedar en casa con sus hijos.

Hmmm. No es una elección difícil, ¿no es así? La mayoría de las personas quieren escuchar sobre la señora de Fairfield.

A. Nuestro "Súper Producto" contiene 15 miligramos más de ácidos grasos Omega que la marca libre del Mega-Mart.

B. Déjame platicarte cómo Michelle perdió cinco centímetros de cintura cuando tomó nuestro "Súper Producto" por sólo tres días.

Está bien, esta no es muy difícil tampoco. Queremos saber más sobre Michelle.

A. Nuestro teléfono celular se puede usar en cualquier parte del mundo, y es fácil hacer llamadas.

B. Gracias a Dios que John y Mary tenían nuestro plan de llamadas cuando su hija no pudo tomar ese vuelo desde Portland...

Sí, "B" es mucho más interesante por que "B" es acerca de personas. Estamos programados para interesarnos en las personas.

Así que la gran lección es fácil. Habla sobre las personas... y los prospectos escucharán.

Si tus prospectos no están escuchando, quizá quieras cambiar tu primera frase. No culpes a los prospectos. Culpa a la persona diciendo la primera frase.

29

Mi primera frase favorita.

¿Cómo superas el miedo a hablar con prospectos, incluso, cuando tu oportunidad y productos son grandiosos?

Hay muchas razones para este miedo. Aquí hay una de las razones más grandes.

Sentimos que nuestra frase de apertura causará que los prospectos piensen que somos unos vendedores tratando de sacar ventaja de ellos. Esto es especialmente verdad con parientes y amigos. No queremos lucir como que nos estamos aprovechando de nuestras amistades.

Es por esto que la frase de apertura es tan importante... prepara el escenario o el estado de ánimo de la presentación entera. ¿Alguna vez has tenido una buena apertura, y todo transcurrió suavemente después de eso?

¿Así que cual es mi primera frase favorita?

He estado usando esta primera frase por más de 20 años. No es adecuada en todas las situaciones, pero cuando la situación es la correcta, los prospectos la compran por completo.

"La mayoría de las personas hacen redes de mercadeo todos los días, sólo que no les pagan."

Te puedes estar preguntando:

−¿Por qué Big Al sigue diciendo esta misma frase una y otra vez?

Debido a que no sólo esta frase hace que los prospectos compren, también refuerza la creencia en los nuevos distribuidores cada vez que la dicen.

Los nuevos distribuidores descubren qué tan fácil puede ser este negocio. Los prospectos ya están haciendo este negocio todos los días.

Si tu nuevo distribuidor domina esta frase, entonces el resto de las conversaciones con los prospectos se facilitan.

Como es usual, utilizaré una historia para apoyar a mi nuevo distribuidor a recordar este principio. Aquí está.

La historia.

Redes de mercadeo es **recomendar** y **promover** con otras personas las cosas que te gustan.

Nosotros los empresarios de redes, y la mayoría de las personas, hacemos esta actividad casi a diario. ¡Hacer redes es una habilidad natural que todos **ya** poseen! En redes de mercadeo, simplemente recolectamos cheques de ingresos residuales por hacer lo que hacemos todos los días.

¿Qué tal un ejemplo de hacer redes cotidianamente?

Vamos al centro comercial.

Llevo a mi nueva distribuidora al centro comercial a comprar unos zapatos. Después de mirar muchos zapatos maravillosos en la zapatería, ella dice: −Oh, no lo sé.

31

Todos se ven algo bien. Pero, realmente depende del bolso.

¿Bolso? Yo pensaba que estábamos buscando zapatos. No sabía que no se te permite comprar zapatos a menos que hagan juego con el bolso.

No deseo que esta experiencia de comprar zapatos dure para siempre, así que le pregunto a la vendedora: –¿Dónde está una buena tienda donde podamos ver bolsos aquí en el centro comercial?

Ella responde: –Oh, hay muchas tiendas con bolsos muy buenos, pero la que está al lado del área de comida con el bolso café sobre la puerta... es increíble. Yo voy ahí durante mis descansos. Es la tierra prometida de los amantes de bolsos.

Está bien. Mi nueva distribuidora y yo vamos en dirección de la tienda de bolsos, basados en la recomendación de la vendedora de la zapatería.

Y la vendedora de la zapatería tenía razón. Esta es una estupenda tienda de bolsos. Pasamos 45 minutos viendo solamente la colección de bolsos marrón con correa sencilla. Y por supuesto, mi distribuidora no ha elegido un bolso todavía.

Puesto que me está dando algo de hambre, yo pregunto: –¿Por qué no has elegido un bolso aún?

Mi nueva distribuidora responde: –¡No puedes nada más elegir un bolso! Tienes que considerar la ropa que vas a usar. El bolso no puede competir con la ropa.

Desesperado por comida, le pregunto a la vendedora de bolsos:

–¿Cuál tienda tiene la selección más rápida de ropa de negocios para dama?

La vendedora de bolsos responde: –¿Rápida?

–Sí. Tengo prisa. Y hambre también.

La vendedora de bolsos rápidamente recomienda la tienda de remates de ropa de negocios del otro extremo del centro comercial. Así que, vamos en camino para ver ropa de negocios basados en la recomendación y promoción de la vendedora de bolsos.

Pasamos el área de comida ya que mi nueva distribuidora está enfocada en lindas ropas de negocio que no compitan con el bolso, para asegurarse que el bolso haga juego con los zapatos que todavía no ha comprado.

Por supuesto ya sabes lo que sucede en la tienda de ropa. No se puede comprar ropa a menos que se tengan los accesorios adecuados. Y allá vamos a la tienda de accesorios basados en otra recomendación de otra vendedora.

Nadie nos ha recomendado comida. Me está dando hambre. Así que me detengo donde el guardia del centro comercial y le pregunto:

–¿Dónde puedo conseguir calorías rápido? Me siento muy débil. He estado en ayuno por casi dos horas.

El guardia recomienda: –El almacén de rosquillas de descuento.– Y allá voy para comer algo de comida real.

¿Lo notaste?

Cada persona con la que hablamos en el centro comercial recomendó y promovió algo... y no recibió dinero por ello.

Sí, la mayoría de las personas hacen redes de mercadeo todos los días, pero no reciben el dinero por sus esfuerzos de promoción y recomendación.

Aquí hay algunos ejemplos más:

* Recomendar un campo de juegos para los niños.

* Recomendar un hotel con una vista genial.

* Recomendar un concierto próximo.

* Recomendar una actividad divertida para el fin de semana.

* Recomendar una marca de ropa.

* Recomendar tu cosmetólogo.

* Recomendar una línea aérea.

* Recomendar un abogado.

* Recomendar un dentista.

* Recomendar tu programa favorito en la televisión.

* Recomendar un postre libre de grasa.

* Recomendar un buen paisaje.

* Recomendar un maestro de música.

* Recomendar algunos clubes nocturnos divertidos.

* Recomendar una silla para la computadora.

* Recomendar una buena niñera.

* Recomendar dónde puedes encontrar la mejor hamburguesa.

* Recomendar un buen servicio de mantenimiento de jardinería.

* Recomendar un buen lugar para jugar golf.

* Recomendar un crucero.

Así es como las redes de mercadeo lucen en la vida real. Todos están recomendando cosas. Es parte de nuestra naturaleza el compartir información sobre nuestros recursos que pueden ayudar a otras personas.

Nosotros recomendamos, el prospecto escucha... y entonces depende del prospecto la decisión de si nuestra recomendación le servirá o no. Esta es una recomendación, ¡no una orden!

Nuestros prospectos harán decisiones basados en lo que está ocurriendo en **sus** vidas, así que no te sientas ofendido si a los prospectos no les gusta el postre que les recomendaste por que son alérgicos a la leche. O, no lo tomes personal si el prospecto odia bailar y se niega a ir a tu club nocturno favorito.

Así que, ¿cómo me pagan por esto?

Una vez que tus prospectos comprenden este concepto, te harán la siguiente pregunta:

–Si estoy haciendo el trabajo **de todas maneras,** ¿cómo cobro por ello?

Esto significa que has completado la primera fase de educar a tus prospectos y nuevos distribuidores. Ahora tus prospectos y distribuidores no rechazan la idea de las redes de mercadeo como algo extraño o inusual. Ellos **respetan** las redes de mercadeo y quieren saber cómo pueden cobrar por sus esfuerzos.

¡Pero se pone mejor todavía!

¿Alguna vez has tenido un distribuidor que renuncie? (Yo sé, ¡por supuesto que no! pero puedes haber leído al respecto.)

Como sea, si enseñas este principio, proteges a tu distribuidor de las influencias negativas de sus cuñados inútiles.

Digamos que tu nuevo distribuidor llega a casa de una junta de oportunidad y le comunica a su familia y a su inútil cuñado:

–Me acabo de asociar en una red de mercado. ¡Voy a ser rico! ¡Es el día más felíz de mi vida!

¿Qué es lo que su cuñado inútil quiere hacer? Quiere deprimir a tu nuevo distribuidor y decirle lo estúpido que es. Así que el cuñado, bueno para, nada dice:

–Ay qué estúpido serás. Mírate. Vas a estar haciendo redes de mercadeo todos los días… y recibiendo dinero por ello. ¡Pero yo no! ¡Oh no! Yo voy a estar haciendo redes de mercadeo todos los días, ¡**sin** recibir dinero por ello! ¿Y qué piensas de eso, eh?

Bueno, ¿qué pensará tu nuevo distribuidor? Estará pensando:

–¡Wow! Este inútil es un completo idiota. Creo que podría invertir unos minutos con él y explicarle que ya está haciendo redes de mercadeo pero no le están pagando por ello, y potencialmente cambiar su vida financiera para siempre. O... tal vez no le diga nada y lo dejaré sufrir en la miseria por el resto de su vida.

¿Puedes ver cómo hemos protegido a nuestro nuevo distribuidor de las influencias negativas de los demás? Él tiene esta protección debido a que comprende esta fabulosa primera frase.

¡Se sigue poniendo mejor!

Hay aún más beneficios de comprender la primera frase "La mayoría de las personas hacen redes de mercadeo todos los días, sólo que no les pagan."

Por ejemplo, tu nuevo distribuidor no tiene que buscar prospectos, comprar listas, o hacer publicidad. ¿Por qué?

Por que prácticamente todos están haciendo redes de mercadeo todos los días, pero no les están pagando por ello.

Esto significa que todas las personas con las que tu distribuidor tiene contacto, ya están completamente calificadas para cobrar y para hacer este negocio –¡por que **ya** lo están haciendo!

Tu nuevo distribuidor sólo tiene que notificar al prospecto de que puede cobrar un cheque por lo que ya está haciendo, o continuar haciendo redes de mercadeo gratuitamente.

Esto le facilita el contactar a todos. No tienes que convencer jamás a las personas de que se unan a una red de mercadeo, por que **ya** se han unido.

Simplemente les estás haciendo saber que pueden cobrar un cheque.

El miedo al rechazo simplemente se **derrite** cuando comprendemos este principio. E incluso cuando el prospecto insiste en que no desea cobrar un cheque, no nos sentimos mal. Le dimos una elección al prospecto.

No somos **responsables** por las decisiones que nuestros prospectos toman en su vida. Nosotros sólo somos responsables de darles las opciones. Después de todo, no somos responsables de la pareja que eligieron, o de la casa que eligieron, ¿correcto?

Así que aquí hay un test que puedes usar para determinar si tu nuevo distribuidor comprende esta primera frase.

Supón que el nuevo distribuidor dice:

–No tengo a nadie con quien hablar. ¿Dónde puedo encontrar algunos buenos prospectos?

Bien, si tu nuevo distribuidor dice eso, entonces **no** comprende esta primera frase de apertura.

Comprométete a enseñar esta primera frase a tus nuevos distribuidores hasta que la comprendan.

Di tu primera frase... y escucha.

El nuevo distribuidor preguntó: –¿Cómo sabes qué decir a las personas? ¿Cómo sabes sobre qué beneficio hablar?

Para los nuevos distribuidores esto parece difícil. Para los empresarios experimentados, sabemos automáticamente sobre qué hablar. Aquí está cómo lo hacemos.

Las personas sólo querrán unirse a nuestro negocio si **resuelve** un problema. Pero, ¿cómo sabemos qué problemas tienen los prospectos? Fácil.

Escuchamos. A las personas les encanta hablar de sus problemas. Muchas veces, de lo primero que hablan con los desconocidos es acerca de los problemas en sus vidas. Así que, todo lo que tenemos que hacer es guardar silencio y escuchar. Eso es difícil para algunos distribuidores quienes están ansiosos por comenzar a hablar **CON** los prospectos sobre sus negocios.

El propósito de nuestro negocio es resolver problemas para los prospectos. Así que no deberíamos si quiera comenzar a hablar de nuestro negocio hasta que sepamos cuales problemas puede resolver para nuestros prospectos.

Hablamos demasiado, y escuchamos muy poco. Todo mundo ya lo sabe.

Primeras frases geniales son una buena razón para retrasar tu presentación de negocio.

Con el primer destello de una oportunidad, los empresarios de redes amateur saltan a su presentación completa. Si el prospecto toma un respiro, bueno, eso luce como el momento de sacar el libro de presentación o el PowerPoint y comenzar un rápido monólogo de 40 minutos sobre los beneficios de la oportunidad de negocio.

Yo he estado en el extremo que recibe muchas de estas presentaciones. Apuesto que tú también lo has estado. Y no es muy agradable.

La mayoría de estas presentaciones terminan en fracaso.

¿Por qué?

Por que el prospecto no siente una necesidad sincera o **urgente** para esta "fabulosa" oportunidad.

Los profesionales saben que es inútil proveer una solución cuando el prospecto no percibe un problema. En otras palabras, antes de comenzar nuestra presentación, debemos primero de convencer al prospecto de que quiere solucionar un problema.

Eso se llama…

Cavar más profundo para mayor dolor.

Y entre más profundo caves **antes** de comenzar tu presentación, más fácil se hace la presentación. Ofrecer resolver los problemas de los prospectos demasiado pronto trabajará en tu contra debido a que el prospecto sólo te verá como una tediosa intrusión en su vida.

**Una manera fácil de cavar por problemas
es con una primera frase genial.**

Digamos que tu prospecto tiene el problema de no tener suficiente tiempo. Pierde largas horas en desplazamientos hacia, y desde el trabajo, y tiene que trabajar la mayoría de los sábados para ponerse al día con la carga de trabajo que se incrementa.

Sí, nuestro prospecto tiene un problema de tiempo. Aquí hay cuatro tipos de primeras frases que pueden ayudar.

**#1. Haz preguntas para identificar el problema
o la deficiencia en la vida del prospecto.**

* "Si tuvieras libres los sábados, ¿qué harías?"

* "¿Hace cuanto tiempo que no asistes a uno de los partidos de tu hijo?"

* "¿Recuerdas cómo era cuando tú y tu esposa tenían tiempo de salir a cenar y a ver una película?"

* "¿Tus vacaciones son una experiencia de tiempo de calidad con la familia, o sólo sirven para ponerte al día en todo lo que has dejado de hacer durante el año?"

Qué manera tan genial de comenzar una conversación. Sólo una simple frase, y los prospectos se convencen a ellos mismos de que están buscando una solución.

#2. Ve más profundo para señalar la naturaleza seria del problema.

* "¿Qué es lo que te dice tu hijo cuando le dices que no vas a poder asistir al partido de nuevo?"

* "¿Te sientes estresado por que no tienes tiempo para ti mismo? ¿Ni para pasatiempos? ¿No hay tiempo suficiente con tu esposa ni familia?"

* "¿Sientes como que la vida se te pasa y que nunca viajarás y conocerás todos esos lugares con los que soñaste cuando estabas en la escuela?"

#3. Revisa las consecuencias tan serias de no resolver el problema.

* "Ya que tu hijo es muy chico para comprender por qué no puedes asistir a sus partidos, ¿qué efecto crees que eso tendrá en él?"

* "¿Cómo te sientes todos los días en el trabajo sabiendo que la carga de tu calendario posiblemente no cambiará?"

* "¿Sientes que puedes estar esperando demasiado para disfrutar de la vida? ¿Que puede que estés muy viejo cuando finalmente tengas algo de tiempo libre?

#4. Busca si hay problemas adicionales causados por no resolver el problema actual.

* "Si no comienzas a pasar algo de tiempo de calidad con tu familia, ¿qué piensas que podría suceder?"

* "¿Cuánto tiempo más estará felíz tu esposa con tu agenda actual?"

* "¿Crees que tu cuerpo soportará bien todo este constante estrés?"

Y ahora es un mejor momento de comenzar tu presentación.

Nuestra primera frase ha ayudado al prospecto a identificar un problema y sentir la necesidad de resolverlo. Ahora el prospecto estará atento ante tus propuestas de solución.

¿Ves la diferencia? Es más fácil cuando el prospecto quiere escuchar lo que vamos a decir.

Primero: Una genial primera frase.

Segundo: Escucha.

Tercero: Luego, presenta.

Fácil.

Impresiona a tus prospectos con galletas de la fortuna.

Tu junta de oportunidad ha concluido. Tu invitado está comiendo algunas botanas al fondo del salón. Tu invitado toma una galleta de la fortuna, la abre para leer el mensaje, y el mensaje dice:

"Una oportunidad grandiosa está en tu camino, no pierdas la posibilidad de cambiar tu vida."

Tu prospecto te mira, sonríe, y dice:

–¿Cuándo podemos comenzar?

¡Wow! Si tan solo tu prospecto fuese tan **afortunado** como para encontrar una galleta de la fortuna con ese mensaje. Pero no tienes que dejarlo a la suerte. Puedes crear tus propias galletas de la fortuna personalizadas y envueltas individualmente con **tu** mensaje único. ¡Las galletas de la fortuna con mensajes personalizados son una ganga!

Hice una búsqueda en Internet para "galletas de la fortuna personalizadas" y obtuve estos precios:

12 galletas $15

50 galletas $20

100 galletas $25

250 galletas $45

500 galletas $59

1,000 galletas $119

2,500 galletas $230

5,000 galletas $450 (¡Eso es sólo nueve centavos por galleta! ¡Algunas tarjetas de presentación son más costosas que eso!)

¿Cómo puedes usar estas galletas de la fortuna?

Hagamos una lista:

* Entrégalas en ferias comerciales.

* Déjalas junto a tu tarjeta de presentación en eventos de redes (tus contactos te recordarán.)

* Deja una con tu prospecto después de tu presentación.

* Como obsequios en el comedor del trabajo.

* Llévalas a reuniones familiares.

* Entrégalas en fiestas.

**¿Qué puedes decir en tus galletas
de la fortuna personalizadas?**

Aquí hay algunos ejemplos:

* "Fracasado es quien no intenta."

* "Un hombre sabio toma las oportunidades cuando están a su alcance."

45

* "La mayoría de las personas ya hace redes de mercadeo todos los días. ¿Por qué no ganar dinero por lo que estás haciendo?"

* "Una familia feliz es dueña de su negocio y de su vida."

* "Hay un auto nuevo en tu futuro."

* "Serás muy rico y feliz – si tienes el coraje de actuar."

* "Conocerás muchos nuevos amigos en tus nuevos emprendimientos."

* "Las oportunidades sólo están disponibles para quienes actúan ahora."

* "Esta galleta te hará engordar. ¡Pero yo tengo el antídoto!"

* "¡40% de descuento en tu primera compra!"

* "Estás pagando demasiado por tu telefonía móvil."

* "Un empleo te garantiza que estarás quebrado. Haz algo más."

* "Evita la comida china. Prueba nuestros platillos gourmet."

* "No confundas un empleo con una oportunidad."

* "Si trabajas duro, tu jefe tendrá una casa grande para su retiro."

* "Si no estás contento los lunes por la mañana, cambia de carrera."

Estoy seguro que puedes pensar en muchos más mensajes geniales para tus galletas de la fortuna personalizadas.

Clasificando prospectos con las primeras frases.

Me preguntan con frecuencia:

–Si estoy clasificando prospectos, necesito saber si el prospecto está **calificado** para hacer mi negocio y **quiere** hacer mi negocio. ¿Qué es lo que debo de buscar?

La respuesta es simple. Y, si has leído mi libro *La Magia de Patrocinar*, ya conoces esta simple técnica de clasificación.

#1. El prospecto debe de tener deseo.

Si el prospecto no quiere intentarlo, estás perdiendo tu tiempo. Así que prueba una primera frase con una pregunta como:

"¿Quieres ganar algo de dinero extra?"

"¿Estaría bien si ganaras un cheque extra?"

"¿Te gustaría despedir a tu jefe?"

La pregunta no es importante. La **respuesta** sí lo es. Así que escucha con atención. Si el prospecto dice:

–Bueno, estaba buscando algo que pudiera hacer desde casa, mientras veo televisión, que no fuera difícil, y

48

definitivamente no quisiera hablar con personas ni hacer ventas, y si me pudieran pagar por adelantado...

Tienes tu respuesta. Sigue adelante. No importa la facilidad que le muestres a este prospecto, no hay mucho futuro aquí.

Pero, ¿qué tal si el prospecto responde de esta manera?

–¿Más dinero? ¡Sí! Tengo cuentas por pagar y este año no me darán un aumento. Quiero hacer algo para salir del hoyo. Dime más.

Ahora esto es fácil. Este prospecto pasa la prueba del deseo, y puedes invertir tiempo con esta persona.

Cuando comenzamos, tendemos a tomar a quien sea que nos hable. Eso no es tan malo en el principio; necesitamos práctica. Pero eventualmente este tipo de prospectos perezosos ocuparán todo tu tiempo. Ellos nos llevan hacia abajo con su negatividad. Esto significa que no tendremos el tiempo de calidad para encontrar nuevos y mejores prospectos.

Así que la primera regla es clasificar los prospectos para buscar por el **deseo**.

La segunda regla es igualmente simple.

Pregunta por tiempo.

Simplemente haz una pregunta relacionada con el tiempo como:

"¿Puedes apartar cinco a diez horas por semana?"

Una vez más la pregunta no es importante, sino la **respuesta**.

Si el prospecto responde:

–Bueno, los lunes por la noche miro el partido, los martes es la noche familiar donde la familia sale a pasear y yo puedo ver tele en paz, los miércoles en la noche es mi torneo de bolos, y luego viene el fin de semana... yo creo que podría apartar una o dos horas de vez en cuando, los jueves por la noche.

Pista: Quizá quieras buscar un mejor prospecto con quien trabajar.

Ahora, por supuesto que algunas personas pueden hacer más en una hora que otros en toda la semana, así que lo que realmente estás buscando aquí es si de verdad **apartarán** algo de tiempo para el negocio.

Todos tienen 24 horas en un día. Es cómo deciden pasar su tiempo lo que importa. Así que escucha para saber si tienen el deseo de pasarlo construyendo un negocio.

Dos clasificaciones (deseo + tiempo) = genial prospecto.

Estas son las dos esenciales para tener un prospecto genial. Tienen un fuerte deseo de ganar dinero extra, y están dispuestos q invertir algo de tiempo en construir su negocio. Sin estos dos importantes ingredientes, estaremos probablemente perdiendo nuestro tiempo. Así que asegúrate de buscar primero por estas clasificaciones.

Convertir tu primera frase en una simple pregunta de "clasificación" hará este proceso más fácil.

Cómo rechazar prospectos amablemente.

¿Hacer tu primera frase negativa?

Sí.

Es otra estrategia que podemos usar para hacer que nuestra primera frase haga prácticamente todo el trabajo.

En el comienzo de nuestra carrera en redes de mercadeo, queremos patrocinar todo lo que se mueve. Si respira, ¡califica!

¿Por qué? Por que tenemos que comenzar en alguna parte. Tenemos que comenzar a trabajar con **alguien**. No podemos construir un negocio sin personas.

Después, conforme nuestra carrera en redes de mercadeo progresa, podemos ser un poco más selectivos sobre a quién patrocinamos en nuestro negocio. ¿Por qué? Por que si somos listos, sólo queremos amigos en nuestra organización. No queremos:

* Quejumbrosos voluntarios.

* Víctimas profesionales.

* Chillones negativos.

* Gente solitaria que sólo volcará sus problemas sobre nosotros diariamente.

Aquí está una manera de ser un poco más selectivo.

En un vuelo a Singapur, me senté al lado de una mujer que no paraba de hablar. No sólo hablaba de cosas lindas tales como lo que ocurriría con los personajes de telenovela la próxima semana, sino que discutía con el pasajero a su lado cada vez que él tenía una opinión. Así que pensé para mí mismo: –Si finjo dormir, quizá no me note.

Bueno, eso no le importó. Comenzó a hablar conmigo sobre cómo el mundo nunca está de acuerdo con ella, cómo la aerolínea era una basura, cómo la comida era pésima, cómo sus compañeros de asiento eran unos tarados (supongo que me incluye a mí), y cómo el mundo era un lugar tan malo para vivir.

Hmmm, veamos. Si la patrocino, tendría que escucharla por el resto de mi vida. De inmediato la prejuzgué como alguien que no debería de estar en mi negocio de redes de mercadeo.

Finalmente, después de un monólogo de 30 minutos sobre el deprimente estado actual de los sucesos cotidianos, me preguntó a qué me dedicaba. !Aaarrrgggghhh!

Pensando rápido, respondí con una de mis frases favoritas: –Es secreto. Si te digo tendré que matarte.

Desafortunadamente, eso no fue bueno. Ella respondió: –Bueno, ¿no me puedes dar una pequeña pista y nada más lastimarme un poco?

El punto de esta historia es que no quieres a todos dentro de tu negocio. Y, si eres un poco selectivo, entonces las personas **vendrán hacia ti** y preguntarán si califican. Al **quitarle** la oportunidad a las personas, algunas veces la **quieren más**.

No puedo explicar este fenómeno de la naturaleza humana. Sólo puedo reportarlo. Es por eso que ves encabezados que dicen:

* ¡Para los ganadores!

* ¡Sólo tres lugares disponibles!

* ¡Profesionales con experiencia solamente!

* Se buscan líderes –seguidores no aplican.

¿Qué tienen en común estos encabezados? Usualmente obtienen muchas más respuestas de calidad que encabezados que le dicen al lector "Si respiras, por favor ven y aplica. Estamos desesperadamente buscando a quien sea."

Así que, ¿qué tan exclusiva o selectiva debería ser tu oferta? Eso depende de ti. Pero, no limites esta técnica sólo a tus encabezados.

Comenzando una presentación con una primera frase de calificación.

Prueba con esto. Usa esta pregunta como tu primera frase:

"¿Estás dispuesto lo suficiente como para invertir $1,500 al mes durante seis meses para comenzar y establecer tu propio negocio?"

Me gusta esta pregunta. No sólo consigue un compromiso del prospecto para una inversión de **tiempo** y **dinero**, también le da al prospecto una visión realista para

53

seis meses. La inversión mensual de $1,500 suena elevada, pero si el prospecto realmente quisiera abrir cualquier negocio, los requerimientos serían mucho más altos. Por supuesto, si el compromiso monetario fuese muy grande para el prospecto, podrías reducir estos requerimientos financieros al pedir más inversión de esfuerzo de su parte.

Para el momento que pides por $50 para un paquete de distribuidor al final de tu presentación, esa cantidad parece cambio en el bolsillo comparada con los $1,500 del compromiso original.

Juntas de oportunidad.

Por ejemplo, podrías comenzar tus juntas de oportunidad con esta primera frase:

"Si le tienes miedo a ser tu propio jefe, y eres adicto a un trabajo donde recibes órdenes de un jefe, entonces relájate y pasa los próximos 30 minutos enviando mensajes a tus amigos en el teléfono."

Las personas que escuchan ahora tienen una decisión. "¿Me descalifico, renuncio a mis sueños, y espero mi muerte? O, guardo mi teléfono y busco maneras de cambiar mi vida?

¿Qué hay del cierre al final de la junta?

Podrías hacer tu cierre al final de tu junta de oportunidad con una gran frase. Podrías utilizar un "cierre exclusivo" al decir:

"Si tú eres alguien que posterga decisiones, o eres incapaz de actuar ante ideas redituables... o no estás dispuesto a cambiar tu futuro, entonces esta oportunidad

no es para ti. Esta oportunidad es la vía rápida para personas motivadas, dispuestas a aprender, quienes buscan un mejor futuro."

Este tipo de "cierre exclusivo" hace que los prospectos indecisos que miran desde las gradas actúen ya. Quieren moverse de donde están y ser parte de un grupo de ganadores... y esta es su oportunidad.

Prueba algunas primeras frases y encabezados que motiven a los prospectos a venir hacia ti.

Preguntas de apertura positivas.

Los prospectos necesitan ver los beneficios de tu oferta en su mente. Seguro, puedes poner esos beneficios en sus mentes. Pero en lugar de eso, ¿por qué no hacer la visión más poderosa al hacer que **ellos mismos** pongan sus propias versiones en su mente?

Puedes lograr esto con sólo una poderosa primera frase.

Podemos hacer que nuestros prospectos mentalmente hagan la venta por sí mismos y vean los beneficios de nuestra oferta con esta simple pregunta:

"¿Qué sucedería si...?"

Aquí hay algunos ejemplos:

* "¿Qué sucedería si no tuvieses que levantarte todas las mañanas para ir a trabajar?"

* "¿Qué sucedería si tuvieras más tiempo de vacaciones con la familia?"

* "¿Qué sucedería si no tuvieses que perder horas en traslados cada semana?"

* "¿Qué sucedería si tuvieras un cheque extra cada semana?"

* "¿Qué sucedería si pudieras retirarte el próximo año?"

* "¿Qué sucedería si tuvieras un cheque más grande para tu familia?"

* "¿Qué sucedería si pudieses tomar unas vacaciones cinco estrellas con los niños?"

* "¿Qué sucedería si tuvieras más tiempo para trabajar en tus sueños?"

* "¿Qué sucedería si pudieses perder 6kg este mes?"

* "¿Qué sucedería si pudieses ayudar a tu hija a eliminar el acné?"

* "¿Qué sucedería si tuvieras un descuento gigante en tu factura eléctrica?"

* "¿Qué sucedería si pudieses venderle tu despertador a tu vecino?"

* "¿Qué sucedería si pudieses mantenerte sin arrugas por otros 15 años?"

* "¿Qué sucedería si no tuvieras que hacer pagos mensuales de tu coche nunca más?"

* "¿Qué sucedería si pudieses trabajar desde tu casa y no enviar a tu bebé a la guardería?

Sólo comienza con esta simple pregunta como tu primera frase, y relájate. Deja que los prospectos piensen y hablen... y que ellos mismos hagan la venta antes de que comiences con tu segunda frase.

Preguntas de apertura negativas.

Los prospectos también necesitan visualizar el castigo por permanecer en sus circunstancias presentes. Muchos prospectos continúan viviendo en altos niveles de insatisfacción y dolor debido a que están temerosos de tomar acción. Prefieren no pensar sobre el castigo. En lugar de eso, se resisten al cambio y desean nunca tener que mirar algo nuevo.

¡Tienen miedo de abrir su mente al cambio!

Ta vez debamos usar una poderosa primera frase para sorprender su mente para evaluar su estado actual. Podemos ayudarlos a evaluar su insatisfacción al usar una simple pregunta:

"¿Estás de acuerdo con...?"

Aquí hay algunos ejemplos:

* "¿Estás de acuerdo con 40 años de duro trabajo para ayudar a que tu jefe se haga rico?"

* "¿Estás de acuerdo con que te quiten cinco días de cada semana?"

* "¿Estás de acuerdo con levantarte temprano para trabajar duro para alguien más?"

* "¿Estás de acuerdo con recibir órdenes de alguien más durante 40 años?"

* "¿Estás de acuerdo con que alguien más te diga cuánto dinero puedes ganar?"

* "¿Estás de acuerdo con sólo unas pocas semanas de vacaciones por año?"

* "¿Estás de acuerdo con renunciar a tu libertad para hacer un trabajo que odias?"

* "¿Estás de acuerdo con trabajar en un lugar en el que no sientes ninguna pasión?"

* "¿Estás de acuerdo con renunciar a tus sueños para trabajar en los sueños de tu supervisor?"

* "¿Estás de acuerdo con suplicarle a alguien más por un aumento?"

* "¿Estás de acuerdo con tener tiempo limitado para viajar?"

* "¿Estás de acuerdo con que tu piel se arrugue un poco más cada noche?

* "¿Estás de acuerdo con un metabolismo lento para que todo parezca que se te pega en las caderas?"

* "¿Estás de acuerdo con pagar facturas enormes de teléfono?"

* "¿Estás de acuerdo con nunca tener suficiente dinero para comprar una casa?"

Sólo comienza con esta simple pregunta como tu primera frase, y relájate. Deja que los prospectos piensen y hablen… y que ellos mismos hagan la venta antes de que comiences con tu segunda frase.

¿Necesitas otra fórmula?

Utiliza "Deshacerte de ____" para aliviar el dolor de tus prospectos.

Aquí hay algunos ejemplos:

* "Deshacerte de tu jefe para siempre."

* "Deshacerte de tu reloj despertador para siempre."

* "Deshacerte de tu vieja piel llena de arrugas con esta crema especial."

* "Deshacerte de las mensualidades del auto."

* "Deshacerte de la grasa indeseable con esta fórmula herbal."

* "Deshacerte de esos cargos extras en tu factura de servicios."

* "Come este desayuno y desaste del hambre y los antojos."

* "¿Quieres deshacerte de esas inservibles horas en el tráfico?"

* "¿Quieres deshacerte de las noches sin sueño?"

Sólo una fórmula más. :)

* "¿Puedes detectar estas siete señales de un empleo sin futuro?"

* "¿Puedes detectar estas cuatro señales de un ataque cardíaco inminente?"

* "¿Puedes ver estas cuatro señales de piel envejeciendo prematuramente?"

* "¿Puedes detectar estos cuatro químicos dañinos en tu comida?"

* "¿Puedes sentir estos tres síntomas tempranos de fatiga crónica?"

Suficiente con la negatividad. Prosigamos.

Para conseguir referidos...

Muchas veces puedes conseguir más prospectos para tu oportunidad al hablar sobre tu producto o servicio. Al simplemente pedir referidos, los prospectos pueden decir que están interesados personalmente, o dirigirte con un prospecto que está altamente interesado.

Ejemplos de preguntas de referidos para comenzar tu conversación.

Si vendes electricidad, podrías decir:

"¿Conoces a alguien que quiera un descuento en su factura electrónica?"

El prospecto puede fácilmente mencionar algunos referidos para ti. Esto es libre de rechazo, sin confrontación, y divertido. Y la mejor parte es... tu prospecto podría convertirse en un distribuidor una vez que se de cuenta de todos los clientes potenciales que conoce.

Esta es una de las maneras más fáciles para conseguir muchos prospectos para tu negocio. Aquí hay algunos ejemplos de preguntas que puedes usar para otros productos o servicios:

* "¿Conoces a alguien que quiera bajar de peso sin hacer ejercicios laboriosos?"

* "¿Conoces a alguien que le encanta hacer ejercicios y comer sano?"

* "¿Conoces a alguien que se sienta cansado por las mañanas?"

* "¿Conoces a alguien que esté frustrado con sus problemas de piel?"

* "¿Conoces a alguien que le gustaría viajar por menos?"

* "¿Conoces a alguien que le guste cuidar mucho de su piel?"

* "¿Conoces a alguien que le guste viajar?"

* "¿Conoces a alguien que le guste tomar café?"

Así es, puedes usar este tipo de pregunta de apertura para tu oportunidad también.

* "¿Conoces a alguien que odie ser despertado por la alarma del despertador?"

* "¿Conoces a alguien que necesite ganar más dinero?"

* "¿Conoces a alguien que le gustaría ahorrar dinero en sus impuestos?"

* "¿Conoces a alguien que le guste ayudar a otras personas?"

* "¿Conoces a alguien que odie el tráfico de las horas pico?"

* "¿Conoces a alguien que trabaje seis o siete días por semana?"

Recuerda, cada prospecto con quien hablas conoce por lo menos 200 personas que tú no conoces. Cuando haces este tipo de preguntas, tus prospectos pueden dirigirte con los mejores candidatos posibles.

¿Los encabezados son primeras frases?

Por supuesto.

Quieres que tu prospecto se esté **inclinando hacia adelante** con interés, no **inclinándose hacia atrás** con resistencia.

No puedo poner demasiado énfasis en una primera frase grandiosa. Tu prospecto hace la decisión de estar interesado en **segundos**. Tu ventana hacia la mente de tu prospecto es muy, muy pequeña.

Piensa en ello. Tú haces las mismas decisiones rápidas también. Si un vendedor por teléfono te llama, ¿no has tomado la decisión en tu mente en los primeros pocos segundos?

En lugar de perder tiempo en la lámina #43 en tu presentación PowerPoint, considera esto. Si pones el mismo esfuerzo en mejorar tu primera frase o encabezado, ¿la recompensa sería más grande?

¿Has leído un periódico?

¿Cómo lees un periódico? ¿Comienzas en la esquina superior izquierda y lees todo hasta que llegas a la esquina inferior derecha de la última página?

No lo creo. Apuesto que sólo lees ciertos artículos.

¿Y cómo eliges qué artículos leer? Por los encabezados. Si el encabezado atrae tu interés, lees el artículo. Si el artículo no te interesa, saltas ese artículo. Simplemente hojeas los encabezados del periódico y haces decisiones en menos de un segundo sobre lo que vas a leer.

Lo mismo con los libros.

Mientras caminas por los pasillos de las librerías, ¿cómo decides qué libro tomar?

Por el título (encabezado).

Muchos grandes libros nunca fueron leídos por que tenían un mal título. ¡Las primeras impresiones cuentan!

Tus prospectos escudriñan lo que dices.

Es correcto. Si tu primera frase es aburrida, entonces sucede como el periódico, el prospecto dirige su atención a otra parte. Nos desconectamos de mensajes aburridos. Pensamos en otras cosas mientras ese molesto vendedor nos está hablando.

Tus prospectos escudriñan tus materiales de prospección.

Tus prospectos **escudriñan** tus encabezados y primeras frases y deciden si leerán tu vistoso material... o dirigirán su atención hacia otros eventos en sus vidas. Esto significa que debes de poner tus mejores beneficios, tu mejores ventajas y tus mejores esfuerzos en tus encabezados.

Olvida nuestras estúpidas opiniones.

Nosotros somos diferentes. Somos emprendedores, empresarios de redes de mercadeo, y creemos en las oportunidades y el pensamiento positivo. Pensamos... ¡diferente!

Nuestros prospectos son empleados, han sido aplastados por la sociedad, tienen exceso de trabajo, son escépticos, se auto-sabotean y puede incluso que tengan un terrible y negativo punto de vista con respecto a la vida.

Nuestros prospectos piensan... ¡totalmente diferente!

¿Así que quién está mejor calificado para elegir la mejor primera frase o encabezado?

Los prospectos, por supuesto. No podemos dejar que nuestros egos decidan cuál primera frase o encabezado usar. No estamos tratando de atraer o convencer personas como nosotros. Nosotros **ya** nos hemos afiliado.

Hace veinte años conduje este experimento sólo para ver cuales encabezados serían más atractivos para nuestros prospectos. Las personas estaban sorprendidas cuando publiqué los resultados. Las lecciones de este experimento son enormes, y efectivas, si las utilizamos.

Aquí está el experimento que hice para ver cuál encabezado debería de usar para una campaña promocional que estaba planeando. Este experimento fue hecho antes de que el internet estuviese accesible, pero ahora con el internet, ¡este experimento sería mucho más fácil!

Cómo elegir la mejor primera frase o encabezado.

Imagina que me aproximo contigo y digo esto:

–Estoy conduciendo una encuesta, ¿podrías regalarme un minuto? Te enviaré un reporte de negocios gratuito como agradecimiento por tu apoyo.

Tú podrías amablemente decir:

–¿Un minuto? Bien. ¿Cuál es la encuesta?

Presentaría mi encuesta y diría:

–Estoy probando la popularidad de seis de nuestros reportes de negocio. Aquí están los seis reportes que ofrecemos:

1. Cómo construir un negocio de tiempo parcial mientras conservas tu trabajo actual.

2. La inseguridad del mundo corporativo y lo que puedes hacer al respecto.

3. Cómo hacerte rico usando inversiones de tiempo en lugar de arriesgar grandes cantidades de dinero.

4. La verdad sobre tener un negocio: Los problemas y los beneficios.

5. La estrategia de ingresos de un solo empleo. Por qué fracasa. Qué se puede hacer.

6. Apalanca tus esfuerzos. Un método único para el ingreso residual.

–Por favor selecciona el reporte que piensas que sería más popular, y anota tu ocupación. Te enviaré el reporte que seleccionaste como agradecimiento por tu tiempo. Por favor escribe tu nombre y dirección de correo aquí abajo del formulario.

Ahora elige.

Bien, haz tu elección de los seis títulos de reportes anteriores.

¿Reporte #1? ¿El #4? ¿Cuál reporte eliges?

Por favor recuerda cuál reporte prefieres mientras continuamos.

Hay varias razones para este proyecto. Comencemos con el primer propósito de este ejercicio.

Incluso si no puedes prospectar, no puedes afiliar, no puedes reclutar, por lo menos puedes levantar una encuesta.

Sí, podrías hacer copias de esta pequeña encuesta, tomar un portapapeles, y levantar encuestas con el público en general. ¿Qué podría suceder?

* Obtendrías muchos prospectos pre-calificados y algunos distribuidores.

* Acabarías capturando el nombre y dirección o correo electrónico de los prospectos.

* Sabrías cuál reporte seleccionaron, y por lo tanto, su motivación.

* Y no sería difícil hacer seguimiento con una llamada telefónica, una carta, o un correo electrónico.

Cuando les envíes por correo físico o electrónico el reporte de cuatro páginas de su elección, podrías incluir un audio o algo de literatura sobre tu oportunidad. Ciertamente si los prospectos quieren saber cómo conseguir ingreso residual, no estarán ofendidos con algo de información extra con su reporte.

Si eres más agresivo, puedes llamar por teléfono a tu prospecto unos pocos días después de enviar el reporte. La mayoría de las personas han registrado su número telefónico y ya tienes su nombre y dirección. En mi encuesta no solicité números telefónicos ya que estaba buscando obtener el máximo número de encuestas. Por supuesto que puedes agregar un lugar para que los prospectos anoten su teléfono si quisieras.

Si 50 prospectos llenan este formato y eligen el reporte que les interesa, ¿no piensas que por lo menos patrocinarías cuatro o cinco de estos buscadores de oportunidades pre-calificados?

¿Pero de dónde saco esos seis reportes?

No hay problema. Puedes tener sólo un reporte... y seis diferentes páginas con el título. Verás, todos los encabezados (títulos de los reportes) en realidad **dicen lo mismo**. Simplemente coloca una página de título diferente encima de tu reporte y envíalo al prospecto con la información de tu compañía.

Sólo necesitas redactar **un** reporte para hacer que este método de encuesta-prospección funcione. Y, puedes personalizar tu reporte para tu negocio o la filosofía de tu empresa.

Si no tienes un reporte escrito todavía, hazlo ahora. Seguramente hay alguien en tu organización o en tu línea de patrocinio con habilidades para la escritura. Si no, contacta a un escritor profesional buscando en internet. Muchas veces puedes conseguir este reporte por tan poco como cinco dólares.

El punto es: sólo necesitas un reporte y estás hecho.

¡Pero esa no es la razón real para el experimento!

Este experimento se trata de... **"Hacer pruebas."**

Si no haces pruebas con lo que haces, estás cometiendo un grave error. Y yo se que todos hemos escuchado eso muchas veces antes... y yo se que aún así no lo hacemos... debido a que normalmente es difícil, consume tiempo, y es tedioso hacer pruebas. Y de cualquier modo, ¿cómo haces pruebas con algo?

Muchos distribuidores de redes de mercadeo me llaman por consejos sobre técnicas de publicidad. Recientemente recibí una llamada de un distribuidor que se quejaba: –Mi publicidad no está teniendo tan buena respuesta como esperaba. ¿Por qué no más lectores responden?

Buena pregunta. Una muy buena pregunta.

¿Mi respuesta?

Le hice las siguientes preguntas a la persona:

* ¿Cómo diste con tu encabezado?

* ¿Hiciste pruebas con tu encabezado en otra parte y tabulaste los resultados?

* ¿Hiciste que algunos de tus amigos revisaran el encabezado para saber su opinión?

* ¿Qué otros encabezados probaste antes de decidirte por este encabezado?

* ¿Qué fue lo que mostraron tus pruebas antes de invertir en tu campaña actual de publicidad?

* ¿Contrataste un publicista profesional para ayudarte a crear este encabezado?

* ¿Estudiaste algunos libros para aprender lo básico sobre composición de encabezados?

Así que, ¿cómo elegiste este encabezado?

¿Su respuesta?: –Oh, sólo se me ocurrió.

Respuesta incorrecta.

La investigación y preparación amateur traerán resultados amateur. Si quisieras reclutar exitosamente, invertirías en algunos libros o cursos sobre técnicas de patrocinio. Si quisieras hacer ventas al por menor exitosamente, invertirías en un curso de ventas.

Así que por consiguiente, si quisieras publicitar y promover exitosamente, por lo menos deberías invertir en algunos libros para aprender lo básico. El método "Oh, sólo se me ocurrió" no te dará los resultados que buscas.

72

Y si lees algunos libros y tomas algunos cursos, el aprendizaje número uno que obtendrás es...

¡Hacer pruebas! Esa es la clave.

Así que, ¿cómo haces pruebas con un encabezado? ¿Envías dos diferentes encabezados a 5,000 personas y mides los resultados? Eso funciona. Desafortunadamente, eso te costaría miles de dólares en estampillas postales. Y si lo hicieras por correo electrónico, tendrías que rentar un par de cientos de miles de nombres para obtener la misma cantidad de respuestas. ¿Por qué? Por que mucho de nuestro correo electrónico se va a carpetas de correo no deseado.

**¿Hay una manera en la que podamos
hacer pruebas menos costosas? ¡Sí!**

Ahora, esta es la parte interesante...

Imagina que queremos hacer pruebas con seis diferentes encabezados. Sabemos cuál encabezado nos gusta más, pero no somos los prospectos. Nosotros pensamos diferente. Respondemos ante impulsos diferentes.

Un buen ejemplo es la pesca. Si quisiéramos atrapar un pez, no pondríamos una golosina en el anzuelo. Pondríamos un resbaloso y asqueroso gusano con un sabor horrible en el anzuelo debido a que eso es lo que el pez quiere. Recuerda, cuando vamos de pesca, no es lo que nosotros queremos lo que importa, lo que importa es lo que quieren los peces.

Ahora, ¿cómo vamos a hacer pruebas sobre seis diferentes encabezados con prospectos "en vivo"? Hmmm.

¿Podríamos armar una encuesta y usar los seis encabezados como títulos de reportes? Luego, ¿podríamos hacer que prospectos "en vivo" decidan cuál encabezado (título de reporte) les gusta más?

¡¡¡Wow!!! ¡Ahora estamos sobre algo bueno!

¡Datos frescos! ¡Pruebas verídicas! ¡Y es económico!

Necesitamos tener encabezados económicos **probados efectivamente** para nuestra publicidad, para nuestras frases de apertura en una junta de oportunidad, para conversaciones cara a cara con prospectos, etc.

Y ahora los resultados. ¡Abre el sobre, por favor!

¿Listo para los resultados de los seis encabezados (títulos de reportes)?

Primero, ¿cuál seleccionaste tú? Y, ¿realmente importa cuál seleccionaste, o es la elección del prospecto lo que cuenta?

¡"De la riqueza a la pobreza" si seleccionaste el encabezado incorrecto!

Usé esta encuesta extensivamente durante seis semanas.

¿Dónde probé estos seis encabezados?

En seminarios de patrocinio, en seminarios de mercadeo, en juntas de oportunidad, e incluso en el centro comercial.

Pensé que los resultados serían muy diferentes en cada ubicación. Seguramente, un potente empresario de redes de mercadeo en un seminario vería estos encabezados de una manera muy distinta a un comprador en un centro comercial. ¿Estaba sorprendido con los resultados? Puedes apostarlo. ¡Estaba impactado! Encontré que los prospectos no piensan como yo. (¡Probablemente eso es bueno!)

Así que, aquí están los asombrosos resultados para los seis encabezados. He condensado los datos para una fácil comparación, así que, aquí está el resultado de 100 personas encuestadas.

Reporte #1: 37 personas.

Reporte #2: Sólo 2 personas.

Reporte #3: 10 personas.

Reporte #4: 9 personas.

Reporte #5: 3 personas.

Reporte #6: 39 personas.

¿Ves los dos grandes ganadores?

Reporte #1: "Cómo construir un negocio de tiempo parcial mientras conservas tu trabajo actual."

Reporte #6: "Apalanca tus esfuerzos. Un método único para el ingreso residual."

Estos encabezados realmente capturaron el interés de los prospectos. (Recuerda, este experimento fue hecho en 1995. Hoy, las palabras usadas y los niveles de interés pueden ser diferentes. Por ejemplo, podrías decir, "Trucos prácticos para un negocio de medio tiempo." Eso estaría de moda hoy en día, pero quizá no tanto el próximo año.)

De vuelta a los dos grandes ganadores…

¿Información importante? ¡Puedes apostarlo!

Supón que elegiste el Reporte #5:

"La estrategia de ingresos de un solo empleo. Por qué fracasa. Qué se puede hacer." como tu encabezado.

Tu respuesta hubiese sido casi nula.

Estarías diciendo: –¡La publicidad no funciona!

Bien, la publicidad funciona. Tú solamente elegiste un mal encabezado. Si hubieses elegido el Reporte #6 como tu encabezado (39 personas contra las 3 personas del Reporte #5), **¡¡¡hubieses recibido 13 veces más respuesta, 13 veces más nuevas afiliaciones de distribuidores, y 13 veces más las comisiones!!!**

Ahora estamos hablando de resultados importantes. Por ejemplo, digamos que tu cheque actual de comisiones es de $1,000 y estás trabajando duro. ¿Alguna vez se te ocurrió que quizá podrías estar diciendo las palabras equivocadas en tu presentación? ¿Hiciste pruebas con tu presentación?

Quizá lo que estás diciendo es como el Reporte #5. ¿Podrías cambiar a una presentación diferente que te diera 13 veces los resultados? En lugar de ganar $1,000… **podrías estar ganando $13,000 con el mismo esfuerzo – si hicieras pruebas.**

Yo pienso que hacer pruebas es importante.

Yo se que no estás haciendo pruebas ahora. Todos estamos tan ocupados construyendo un negocio que nos olvidamos de hacer pruebas, pruebas y más pruebas. Yo se que podrías duplicar o triplicar tus comisiones fácilmente si hicieras pruebas. Te he dado una manera fácil de hacerlo.

El resto depende de ti.

Hay mucho más que podemos aprender de este experimento... pero la gran lección es que puedes ganar hasta 13 veces más dinero sólo haciendo pruebas.

Veamos rápidamente algunas otras lecciones de esta encuesta de seis encabezados (títulos de reportes).

Mini-lección #1: Yo personalmente escribí los seis encabezados. Pensé que todos eran geniales. Estaba **equivocado** cuatro de seis veces. Ahora, yo pienso que soy muy bueno escribiendo publicidad y juzgando la naturaleza humana. Es humillante, pero estoy equivocado 66% del tiempo. ¡Auch! La razón por la que he experimentado algo de éxito en redes de mercadeo es que yo se que estoy equivocado la mayoría del tiempo y hago pruebas para encontrar la respuesta correcta. Luego uso la respuesta correcta. Es por ello que siempre estoy haciendo pruebas en campo antes de escribir lo que sea. Verás, está la teoría... y está la verdad.

Mini-lección #2: Hice la prueba de esta encuesta con varios grupos diferentes. Pensé que el comprador del centro comercial querría un reporte diferente al empresario de redes experimentado. Una vez más, estaba **equivocado**. En este caso, casi todos querían el Reporte #1 o el Reporte #6. Usualmente habría una diferencia. En este caso, no hubo diferencia. Tienes que hacer pruebas.

Mini-lección #3: Si quisiera un encabezado matador, o si quisiera un mensaje genial para invitar a alguien a una junta de oportunidad, ¿qué diría? Combinaría el Reporte

#1 y el Reporte #6 en un encabezado y un sub-encabezado. Diría:

**Cómo construir un negocio de tiempo parcial,
¡mientras conservas tu trabajo actual!**

**Apalanca tus esfuerzos. Un método único
para el ingreso residual.**

Es un encabezado más largo que la mayoría, pero estoy seguro que funcionaría mejor que mis otros cuatro encabezados –por que está **probado**.

Mini-lección #4: La encuesta preguntaba por la ocupación del prospecto. ¿Por qué? Tus pruebas podrían mostrar que los inversionistas de bienes raíces prefieren el Reporte #3: "Cómo hacerte rico usando inversiones de tiempo en lugar de arriesgar grandes cantidades de dinero." Eso es importante si posteriormente decidieras hacer publicidad en una publicación o sitio web de bienes raíces. Ya sabrías lo que atrae a los lectores de esa publicación o sitio web.

Al mantener un registro de las diferentes ocupaciones, podrías detectar algunas tendencias interesantes. Una pequeña precaución: No sobre-analices o micro-analices tus resultados. Sólo evalúa las tendencias obvias.

Mini-lección #5: Muchos distribuidores crean sus propios sitios web o audios de mercadeo. ¿Has notado algo?

Muchas de estas presentaciones comienzan con un panorama de la pérdida de empleos convencionales, el cambio de paradigma, etc. Ahora, mira el Reporte #2: "La inseguridad del mundo corporativo y lo que puedes hacer al respecto." ¿Cuántos prospectos eligieron ese reporte? ¡Sólo 2 de 100! ¿Esto nos dice algo?

Quizá nuestros prospectos no quieren escuchar ese mensaje. Quizá ellos ya saben eso. Quizá ese mensaje sólo es aburrido y quieren saber qué más podemos hacer por ellos "ahora mismo".

Juzgando por los resultados de nuestra encuesta, pienso que cambiaría algunos de esos audios de prospección que he escuchado y haría el encabezado: "Ingresos residuales apalancados, obscenos y codiciosos." Hey, sólo estoy ajustando a los deseos de los prospectos que encuestamos. :)

Dos palabras finales: ¡¡H-A-Z P-R-U-E-B-A-S!!

Si no puedes tomarte el tiempo de hacer pruebas de seis diferentes acercamientos o encabezados, entonces mereces ganar sólo 10% de lo que **podrías** estar ganando en comisiones mensuales.

Incluso tengo un amigo, Chuck Huckaby, que probó el experimento. Sí, ¡le hizo una prueba a la prueba! Me escribió:

"Cuando cambié los números en las respuestas de la encuesta, los mismos encabezados ganaron de nuevo... incluso en diferentes posiciones de acuerdo a mi encuesta en línea."

Así que, ¿qué hay de ti? ¿Estás haciendo pruebas? ¿Estás tomando ventaja del apalancamiento que discutimos?

Si no es así, encuesta, encuesta y encuesta. Recuerda, lo peor que puede ocurrir es que consigas muchos nuevos distribuidores con tus pruebas. Lo mejor que puede pasar es que aísles el beneficio ganador o la frase que duplique o incluso triplique tu ingreso en 30 días.

Algunas primeras frases probadas que funcionan.

¿Tus primeras frases de prospección y venta podrían necesitar algunas mejoras?

Aquí hay sólo un caso de estudio que una vez más muestra la diferencia que puede hacer una frase.

Hace años, la revista *Movieline Magazine* incrementó su respuesta de ventas nuevas un 7.5% y su respuesta neta, un 29.6%, al cambiar la primera frase en su sobre de correo directo de:

"¿Tienes las agallas...?"

a

"Tira este sobre... si estás buscando una revista de películas dulce y segura que le plancha los pantalones a Hollywood..."

Piensa en ello. Sólo este simple cambio hizo una diferencia de 29.6%.

¿No re gustaría que tus cheques de comisiones incrementaran un 29.6% al sólo cambiar unas pocas palabras?

¿Qué tanto mejoraría la efectividad de tu patrocinio si tuvieses una primera frase matadora que detuviera a los

81

prospectos en su camino? ¿Y qué tal si pasaras tu nueva primera frase a tu organización? ¿Te emocionarías por lo rápido que crecería tu negocio?

Así que, ¿por qué no tomar un poco de tiempo hoy para mejorar tu primera frase?

¿Necesitas un poco de inspiración?

Aquí hay algunas cuantas primeras frases y encabezados para que comiences a pensar:

* "¡Agua pura por sólo cuatro centavos el galón!" (Si alguien está comprando agua embotellada, esta es casi una venta segura.)

* "Deja de fumar –¡o muere!" (Bastante drástico, pero captura su atención.)

* "Cómo ganar dinero cada vez que tu vecino usa el teléfono." (La curiosidad vende. Queremos saber.)

* "Esta hierba es la que le dan los nutriólogos a sus esposas para quemar grasa." (¡¿Ves?! Sabíamos que había un secreto que nosotros los gordos no sabíamos. No es nuestra culpa. No sabíamos que existía esta hierba…)

* "Cómo sentir que tienes 16 años de nuevo… pero con mejor juicio." (En este caso, un poco de humor funciona. El prospecto revive algunas memorias y se siente bien. Observa algunas sonrisas.)

* "Come galletas –¡pierde peso!" (La palabra "galleta" remueve toda lógica de la mente del prospecto con sobrepeso. Sí, ¡queremos probar esta dieta!)

* "Si el hogar es donde está el corazón, ¿no debería de estar ahí tu negocio también?" (Un poco cerebral. Forza a prospecto a considerar esta declaración. Probablemente no sea buena para una primera frase, pero puede ser un buen encabezado que demande la atención del prospecto.)

* "Ahí estaba yo a 15,000 pies, ambos motores en llamas y mi paracaídas en la tintorería..." (Tuve que seguir leyendo. Genial para atraer la atención. ¿Te imaginas comenzar tu presentación o junta con esta frase? Todos estarían sentados en el filo de su asiento.)

¿Puedes crear tus propias primeras frases y encabezados?

Sólo toma un poco de imaginación y práctica. Pero una vez que obtengas esa genial primera frase, y la pases a tu organización, ¡ten cuidado! Puede haber una marejada de volumen de ventas y patrocinio.

Pasamos demasiado tiempo perfeccionando el resto de nuestra presentación –pero la verdad es que, si nuestra primera frase no es buena, nadie está escuchando el resto de nuestra presentación.

Y no tienes que limitar tu primera frase a presentaciones cara a cara. Puedes usar una primera frase genial o encabezado en llamadas telefónicas, líneas de asunto en correos electrónicos, primeras frases en tus cartas de ventas, tarjetas de presentación, folletos, pósters, anuncios, etc.

Así que tiene sentido invertir mucho tiempo para conseguir un buen y claro mensaje en tu primera frase.

83

¿Quieres algunos otros ejemplos probados para comenzar a pensar? Aquí hay unas pocas de mis primeras frases favoritas y encabezados.

* "¡Despide a tu jefe!"

* "Comienza tu negocio –¡Sin gastos enormes!"

* "Consigue un aumento de $400, ¡sin decirle a tu jefe!"

* "Las dos comidas que debes comer cada semana."

* "Tres razones por las que debes despedir a tu jefe ahora."

* "Cómo dos empleados de correo de Winchester le muestran a personas ordinarias cómo retirarse en sólo 3 años y medio."

* "Cómo perder 7 kilos de grasa en 30 días –¡sin ejercicio!"

* "¡Aquí hay 10 de las 29 razones por las que deberías unirte con nosotros ahora!"

* "¿Conoces los tres secretos que los profesionales de redes de mercadeo usan para despegar sus negocios?"

* "Cómo una secretaria de Noruega le muestra a las personas cómo conseguir un cheque extra en el correo cada semana."

* "Si tu trabajo te paga menos de "50,000 al año, calificas para recibir este reporte especial gratuito."

* "Estás sólo a una buena oportunidad de una fortuna de un millón de dólares."

* "Cinco nuevas razones por las que querrás estar en la revisión de negocio del próximo jueves."

* "¿Conoces la mejor manera de comenzar un negocio basado en casa por menos de $250?"

* "Tres ejercicios milagro que reducen la celulitis."

* "Abuela de 86 años comienza una segunda carrera como instructora de 'break-dance' de medio tiempo."

* "Alimento secreto ayuda a quemar grasa mientras conduces al trabajo."

Podríamos seguir y seguir, pero deberías estar inspirado para este punto para comenzar a crear tus propias primeras frases. Así que toma un lápiz o pluma, y comienza a escribir esas geniales ideas para tu primera frase para tu negocio y tus productos.

¿Quién sabe?

¡Podrías dar con una ganadora multimillonaria! Tu organización te lo agradecería.

Las suposiciones… apestan.

–Se me ocurrió el encabezado. Supongo que por lo menos yo respondería este anuncio.

Un distribuidor selecciona la primera frase o el encabezado diciéndose a sí mismo: –¡Suena bien!

Sin hacer pruebas. Sin hacer investigaciones. Sólo una cálida y borrosa sensación que hace sentir bien al distribuidor.

¿Seleccionas una primera frase o encabezado por que te hace sentir bien?

* Mi estómago rugiendo suena bien para mí debido a que adoro tener una excusa para comer. Sin embargo, mi estómago rugiendo puede no sonar bien para ti.

* La música rap o heavy-metal puede sonar bien para ti… ¿pero suena bien para tus prospectos?

* Un guisado de atún, cerveza y frijoles puede sonar bien para ti… ¿pero suena bien para todos los demás?

Verás, los prospectos están comprando la primera frase o el encabezado, no a ti. Así que tu trabajo es proveer lo que el prospecto quiere, no lo que a ti te gusta.

¿Por qué hacer pruebas? Por que un encabezado puede obtener el doble de respuesta que otro. Eso te ahorrará mucho dinero y tiempo. O, si es una buena primera frase, obtendrás el doble de prospectos, y tendrán una mente abierta en lugar de una mente cerrada.

Hablo con muchos empresarios de redes. De cada diez empresarios, adivina, ¿cuántos crees que me dicen que han hecho pruebas a lo que dicen?

¿La respuesta? **¡Cero!** ¡Estos amateurs son tu competencia!

Puedes descansar seguro por las noches sabiendo que tu competencia sólo está **pensando en cosas**, con la esperanza de que tener un golpe de suerte. Es por ello que hacer redes de mercadeo puede ser tan fácil... ¡hay tan poca competencia!

Tu competencia no está dispuesta a hacer el trabajo para ser exitoso. ¿Estás dispuesto a hacer pruebas con lo que dices o prefieres convertirte en parte de la competencia "promedio"?

Es tu dinero. Lo gastas como prefieras.

Haz esta prueba... ¡y apuesta tu dinero!

Aquí hay cinco grupos de encabezados. Tu misión es elegir cuales encabezados obtuvieron las mejores respuestas. ¿Listo?

Grupo #1.

A. Cómo hacer que 240,000,000 de personas se unan a tu programa de multinivel.

B. Asombroso libro de 24 páginas lleva prospectos hacia ti.

Grupo #2.

A. "Paquete Especial de Arranque Explosivo" de $99, te ahorras $34.75.

B. Negocio completo en una caja por sólo $99.

Grupo #3.

A. El arte de la controversia.

B. Cómo argumentar lógicamente.

Grupo #4.

A. Nunca más hagas dietas.

B. Asombrosa galleta que cuida tu peso.

Grupo #5.

A. Libertad financiera a través de las redes de mercadeo.

B. ¿Estás cansado de trabajar para alguien más?

Muy bien, ¿has elegido el mejor encabezado dentro de cada grupo? Bien.

Ahora, saca algo de dinero de tu billetera o tu bolso. Digamos unos $1,000 en efectivo. Vamos a hacer una apuesta imaginaria.

¿Apostarías tus $1,000 en efectivo a que obtuviste las respuestas correctas en cada uno de los grupos de encabezados anteriores?

Probablemente no.

No estás 100% seguro de cuáles encabezados obtuvieron mejores resultados así que quieres jugar a lo seguro y no arriesgar tus $1,000 en efectivo. No te culpo. Perder $1,000 en una apuesta puede ser atemorizante.

¿Apostarías tu auto? ¿Tu casa? ¿Tu negocio? Probablemente no.

¡Ha!

No obstante, eso es lo que estás haciendo cada vez que haces publicidad o promocionas. Estás haciendo una apuesta con tu dinero, que de algún modo puedes tener un golpe de suerte y seleccionar un encabezado o primera frase ganadora.

Algunas veces tienes suerte; la mayoría de las veces no.

¿Qué sucede cuando no tienes suerte? Pierdes $100, o $1,000, o incluso más debido a que no te tomaste el tiempo de hacer pruebas con tu encabezado. O peor aún, pierdes un prospecto que pudo haberte hecho ganar miles cada mes, ¡debido a que no tienes una buena primera frase!

¡¡¡Eso es costoso!!!

Si vas a ser un profesional de redes de mercadeo, no apuestes. Simplemente haz pruebas con tus encabezados o tus primeras frases para que puedas estar seguro de que tienes la ganadora.

¿Apalancarte? Es simple. Usa encabezados y primeras frases que sabes que son ganadoras.

Sé un poco escandaloso.

Amazon Books es un lugar genial para investigar y ver si tu tema u oferta tiene mérito. Si los libros sobre tu tema están fuera de inventario, o si se venden bien, ¡significa que tu tema está que arde!

Por ejemplo, hace muchos años ordené el libro *How to Make Your Man Behave in 21 Days or Less Using the Secrets of Professional Dog Trainers (Cómo Hacer que Tu Hombre se Comporte en 21 Días o Menos Usando los Secretos de los Entrenadores de Perro Profesionales)*–por que no pude resistir el título genial. Sólo otro ejemplo de cómo un encabezado o una primera frase genial vende. Hey, no había visto el libro todavía, pero el mero título hizo la venta.

Mi plan final era revenderle el libro a mi hija al doble del precio. Desafortunadamente, creo que me pagó con mi tarjeta de crédito.

¿Adivina qué? El libro rápidamente se agotó del inventario. Eso me dijo que la información sobre relaciones era muy buscada, pero más importante que eso, que las mujeres desesperadamente quieren entrenar a los hombres a responder a sus órdenes verbales. (Todavía hay debate de si los hombres tienen inteligencia suficiente como para ser entrenados… pero esa es otra historia.)

No tuve que ir a Amazon para encontrar si ese tema era candente. Cuando mencioné que había comprado el libro, casi todas las mujeres respondían diciendo: –Hey, me puedes prestar el libro cuando tu hija termine de leerlo?

Hace años, la bebida energética Bawls Guarana tenía este mensaje:

"Tan poderosa, que necesitarás cafeína para calmarte. 10 refrescantes onzas que te sacarán los ojos."

¡Vaya! Ahora, eso atrae la atención.

Así que, ¿no estaría genial si tuvieses un producto o servicio que tuviese ese tipo de fuerte atracción? ¿Algo que todos quisieran sólo al escuchar su nombre?

Bueno, probablemente no tienes un producto o servicio con ese tipo de atracción. Sin embargo, puedes tener una primera frase genial o un reporte que tenga esa fuerte atracción.

Por ejemplo, quizá tu primera frase, o el título de tu reporte o audio podría ser:

* "Toda el agua es reciclada... nuestro filtro sólo elimina las contribuciones de las demás personas."

* "Le llamamos el 'Eliminador de Siestas'."

* "¿Tu jefe se carcajea cada vez que le pides un aumento?"

* "Pérdida de peso enlatada."

* "Por qué los mandos intermedios mueren quebrados y deprimidos."

* "35 recetas de helado para tu dieta."

* "¿Quién dijo que tener un empleo era buena idea?

* "Tabletas quema-grasa, sólo para adictos al chocolate."

* "Mis padres me corrieron de su casa por que estaba ganando demasiado dinero."

* "Cómo hacer que tus adolescentes te adoren."

* "Elimina el estrés del despertador y demás enfermedades del trabajo."

* "¿Qué tienen en común tu jefe y tres hienas?"

* "El secreto para el cuidado de tu piel que atraerá a tu pareja ideal en menos de 30 días."

* "¡Tengo pruebas! Este cheque extra es legal."

* "Deshagase de por vida de los pagos mensuales del coche."

* "Consigue un cheque de tiempo completo trabajando 12 horas por semana."

* "Muslos más delgados –cartera más gorda."

* "Los dos mejores lugares para conseguir ascensos y aumentos de sueldo ilimitados."

* "Suero de la Fuente de la Eterna Juventud."

* "Después de dos reemplazos de cadera, cirugía de ojo y transplante de riñón, pensé que era buen momento para comenzar a cuidar de mi nuevo cuerpo."

* "Trabaja una vez, ¡gana para siempre!"

* "Por qué los profesionales de la salud recomiendan cuatro tazas de este café todos los días."

* "Juega golf 365 días al año mientras recibes tus depósitos."

Un poco de escándalo nunca hizo daño para atraer a la audiencia.

Más sobre encabezados y primeras frases.

Nunca me cansaré de encabezados geniales y primeras frases. ¿Por qué? Por que son los factores decisivos de que nuestros mensajes sean efectivos o no.

No puedes vender ni afiliar a nadie, si nadie está leyendo o escuchando tu mensaje.

Así que aquí hay una idea rápida para crear un mejor encabezado.

Elige las palabras que asombren al lector y capturen su atención.

Tus lectores o escuchas pueden tener varias cosas dentro de su mente. Pagos de hipoteca, presión laboral, situaciones familiares, etc. Nunca serás escuchado, **a menos**, que puedas asombrar a tus lectores o escuchas fuera de sus sueños diurnos y los encamines dentro de tu presentación.

¿Qué tal un ejemplo práctico para un producto?

Usemos un producto para ilustrar cómo un buen encabezado o primera frase puede funcionar al usar palabras interesantes o asombrosas. Para este ejemplo usaré un "atomizador para dejar de roncar" que queremos vender a nuestros prospectos.

Primero, podríamos decidir usar una pregunta como nuestro encabezado o primera frase para capturar la atención del prospecto.

Aquí hay algunas ideas:

* "¿Estás durmiendo con un tren de carga/martillo hidráulico?" (Podrían decir: –¿De qué estás hablando?– Luego les dirías que el rango de decibeles de un ronquido es equivalente al de un tren de carga o martillo hidráulico.)

* "¿Sufres del síndrome de Cama Separada?"

* "¿Sufres del síndrome de Moretón de Costilla?"

* "¿Estás tomando demasiadas vacaciones en el cuarto de visitas?"

* "¿Estás sufriendo de ronquidos de segunda mano?"

* "¿Necesitas WD-40™ para la garganta?"

* "¿Necesitas protectores para las costillas?

Todos estos ejemplos están diseñados para hacer que tus prospectos se detengan, piensen, y busquen más información. Ahora escucharán tu presentación.

Pero no te limites a ti mismo a sólo pensar en una asombrosa primera frase verbal. ¿Qué tal crear un botón, un eslogan, o un encabezado para un pequeño anuncio?

¿Quieres más ejemplos?

* "¿Roncas? Consigue alivio ya – pregúntame cómo."

* "Adiós ronquidos – sólo una atomización."

* "Remedio para los ronquidos de segunda mano – pregúntame."

* "¿Los ronquidos no te dejan descansar? Este alivio te hará soñar."

* "Duerme en silencio – despídete de los ronquidos."

* "Sueños tranquilos – adiós ronquidos."

* "¿El tren de carga no te deja dormir? – ¡Haz que descarrile!"

* "Alto al abuso del sueño – la manera humana."

* "Consigue una noche tranquila de sueño – dale a tu pareja el atomizador."

* "Más de 30 millones de hombres y mujeres son víctimas – el alivio está en este atomizador.

* "En Estados Unidos, 50% de las personas roncan y el otro 50% tiene insomnio."

* "Ataque furtivo – rocía a alguien que ronca."

Tu elección de encabezados y primeras frases hará toda la diferencia en el mundo. Y si no haces una buena elección, ¡esto es lo que puede suceder!

¡Estarás condenado a escribir títulos para canciones 'western' y 'country'!

¡Gulp! Nada podría ser peor, ¿cierto?

¿Quieres pruebas?

Aquí hay algunos títulos de canciones 'western' y 'country' que no subieron a platino o no tuvieron buenas ventas. Observa si puedes detectar una tendencia.

* "Si Mi Nariz Estuviera Llena de Monedas, Las Soplaría Todas Sobre Ti."

* "Mamá, Dame El Martillo (Papá Tiene Una Mosca En La Cabeza)."

* "Que El Ave Del Paraíso Vuele Dentro De Tu Nariz."

* "Mi Vajilla De Plata Es De Plástico."

* "Me Pueden Meter En Prisión, Pero No Pueden Impedir Que Mi Rostro Se Escape" (Puedo ver un anuncio para productos contra el acné con este encabezado.)

* "Soy Sólo Un Bicho En El Parabrisas De La Vida."

* "Brazos De Velcro, Corazón De Teflón."

* "Tengo Lágrimas En Mis Oídos Por Estar Acostado En Mi Cama Llorando Por Ti."

* "Eres La Razón De Que Nuestros Hijos Sean Así De Feos."

* "Oh, Tengo El Cabello Aceitoso Y Mis Lentes Se Resbalan, Pero Baby Puedo Ver A Través De Ti."

¡Ohhh esto es demasiado divertido!
¿Qué tal unas cuantas más?

* "Puedes Tener A Tu Kate Y Edith También."

* "Jalaste La Palanca De Tu Corazón Conmigo Dentro."

* "Sus Dientes Manchados, Pero Su Corazón Inmaculado."

* "Aquí Tienes Un Centavo, Llama A Alguien Que Le Importe."

* "¿Cómo Quieres Que Te Extrañe Si No Me Dejas En Paz?"

* "No Se Si Suicidarme O Ir A Los Bolos."

* "Si El Teléfono No Suena, Baby, Sabrás Que Soy Yo."

* "Si No Me Dejas En Paz, Me Voy A Encontrar A Alguien Que Sí Lo Haga."

* "Si Me Dejas, ¿Te Puedo Acompañar?"

No estoy inventando estos títulos.

Estos son títulos reales de canciones 'western' y 'country'.

Así que invierte algo de tiempo en desarrollar primeras frases y encabezados geniales para cada parte de tu negocio. Esto hará la mayor diferencia en cómo responden tus prospectos.

Basta de humor, continuemos.

Cómo aproximarnos a prospectos difíciles, libres de rechazo.

En uno de nuestros cruceros anuales de MLM, compartimos tips todas las noches durante las largas, largas cenas.

Richard Brooke, autor de *Mach II with Your Hair on Fire*, compartió este tip:

La mayoría de los distribuidores le preguntarán a un prospecto difícil algo como: −¿Le darías un vistazo a esta oportunidad de negocio para ver si debería de llevarlo a cabo?

Esto usualmente trae una revisión negativa por parte del prospecto difícil.

En lugar de eso, pregunta al prospecto difícil esto:

−¿Me podrías decir cómo hacerme exitoso en mi nuevo negocio?

Qué gran diferencia hace esta pregunta. Es más probable que reciba una respuesta positiva y mayor interés al utilizar esta pregunta.

¿Y te diste cuenta que sólo hubo una pequeña diferencia de unas pocas palabras?

Muchos distribuidores se rinden y dicen que las redes de mercadeo no funcionan. Quizá sólo estaban a unas pocas palabras del éxito.

Decir las palabras incorrectas ahuyenta a los prospectos. Toma el tiempo de probar nuevas y mejores primeras frases.

Prospectar en frío a dueños de pequeños negocios.

Simplemente camina dentro de cualquier pequeño negocio en la avenida y pregunta por el dueño. Cuando el dueño se libere de la crisis del momento, casualmente dile:

–Sólo iba pasando. No tenía mucho qué hacer, así que pensé en detenerme en tu negocio e interrumpir tu trabajo. Ahora, yo sé que tienes muchas cosas en la mente, problemas de ingresos, problemas con los empleados, problemas de impuestos, problemas con el dueño del local… y no has visto a tu familia en días… pero, vaya, déjame platicarte sobre **mí**. Déjame platicarte sobre **mi compañía**. Déjame platicarte sobre **mis productos y servicios**. Déjame platicarte sobre **mi estilo de vida**. Déjame platicarte sobre…

Me pregunto si así fue como los vendedores consiguieron su reputación de "cálidos y amables".

Pero quieres patrocinar muchos dueños de pequeños negocios, ¿correcto? Tú sabes que son emprendedores y trabajan duro, y que toman la responsabilidad por sus resultados.

En otras palabras, los dueños de pequeños negocios serían perfectos para tu negocio.

El único problemas es…

Ellos no quieren hablar contigo.

Los dueños de pequeños negocios tienen sus vidas, sus propios retos, sus sueños, y muy poco tiempo. No cabes dentro de sus planes... a menos que te conviertas en **parte de sus planes.**

Ataquemos el primer reto ahora. Aquí hay sólo una manera de conseguir tiempo con dueños de pequeños negocios.

El viaje culposo de la barra de chocolate.

Hace como 25 años, estaba escuchando un audio de Rick Hill. Además de hacer redes de mercadeo, Rick también vendía publicidad en radio. Contó la historia de cómo había sido capaz de conseguir citas con todos los dueños de pequeños negocios en el área. Dijo algo como esto:

–Todos los días compraba un par de cajas de barras de chocolate. A media tarde me detenía en los pequeños comercios. Sabía que los dueños no tenían tiempo para comer y que estarían muy hambrientos. Yo simplemente le decía al dueño que ya sabía que estaba ocupado, no tenía tiempo para comer, le daba una barra de chocolate, y luego... ¡me iba!

Como una semana después, pasaba por el mismo negocio con el dueño y le daba otra barra de chocolate.

Hacía esto durante tres o cuatro semanas. Finalmente, el dueño del pequeño comercio esperaba mi visita. Había construido algo de familiaridad y confianza.

Después de esas tres o cuatro semanas, el dueño de negocio, con algo de culpa y curiosidad, finalmente me preguntaba en qué clase de negocio estaba. Ahora era fácil hablar con el dueño por que ya me estaba pidiendo una presentación.

Bastante simple, ¿no es así?

Esta pequeña técnica puede ser todo lo que necesites para ingresar dentro del mercado de pequeños comercios en tu área,

¿Detectaste el acercamiento de Rick?

–Yo simplemente le decía al dueño que ya sabía que estaba ocupado, no tenía tiempo para comer, le daba una barra de chocolate, y luego... **¡me iba!**

Esto separó a Rick Hill de un ordinario vendedor fastidioso a alguien con quien el empresario tendría una conversación con una mente abierta.

Ahora es tu turno de usar un poco de pensamiento creativo y sentido común para aplicar esta técnica a tu negocio.

Por ejemplo, puedes notar que esta técnica no sería particularmente efectiva con restaurantes. Estoy seguro que el dueño del restaurante podría encontrar algo para comer mientras está ocupado.

O, podrías pensar:

–¡Wow! Yo vendo galletas y barras nutricionales. Yo puedo hacer que el dueño del negocio experimente los beneficios de la energía prolongada de mi producto. Además, estaría incrementando mi volumen mensual de producto desplazado y reemplazando ese presupuesto de publicidad en el periódico.

* Si vendieras filtros de agua, podrías llevar un contenedor de agua helada.

* Si vendieras productos energéticos, llévalos a media tarde cuando la energía del dueño está en su punto más bajo.

* Si vendieras café, podrías cargar 'termos' de agua caliente, algunas vasos desechables y tu café gourmet. ¡Llega temprano!

Tienes la idea. Sólo se creativo.

Convertir lo negativo en beneficios positivos para ventas.

¿Tienes una queja recurrente sobre tu producto, servicio u oportunidad?

Si es así, convierte este aspecto negativo en uno positivo. ¿Cómo?

Una simple primera frase puede resolver el problema.

¿Quieres un ejemplo?

Digamos que tu producto de vitaminas cuesta el doble que el de la competencia. Podrías decir esto:

–Podrías conseguir un producto más débil por la mitad del precio, pero no quieres estar sano a medias, ¿no es así?

O si el sabor de tu bebida saludable es malo, podrías decir:

–Cuando pruebes nuestra bebida, sabrás que es saludable y buena para ti, por que no probarás nada de azúcar añadida que otros usan para diluir y debilitar su bebida.

O si tu crema humectante para la piel es el doble de costosa que la de tu competencia, podrías decir:

–Podrías tener una piel ordinaria que eventualmente se llena de arrugas y luce vieja, o puedes usar el mejor humectante en el mundo para mantener tu piel con un aspecto saludable y jovial.

O si tu club de viajes cobra más que los otros clubes más baratos, podrías decir:

–No quieres quedar decepcionado con unas vacaciones baratas, ya que has esperado todo el año por tu semana libre del trabajo. Asegúrate de que disfrutes de unas vacaciones apropiadas, no de unas vacaciones para olvidar.

Así que da un vistazo a tu negocio ahora. ¿Hay algún negativo que hayas estado tratando de esconder? ¿Hay alguna objeción que continúe manteniendo a tus prospectos fuera de tu oportunidad?

Si tienes un aspecto negativo en el negocio, no te preocupes. Puedes cambiarlo por una genial primera frase.

¡Sólo haz una oferta genial!

¿Por qué no hacer una oferta positiva en tu pregunta o frase de apertura?

Al decirle tu oferta a tu prospecto, naturalmente seleccionas aquellos prospectos que dicen: –¡Hey! ¡Eso suena muy bien!– nuestras ofertas **crearán** prospectos calificados.

Algunos ejemplos de productos y servicios:

"¡Ahorra 20 centavos por litro en la estación de gasolina!"

"Cómo ganar dinero cada vez que tu vecino levanta el teléfono."

"Para los que sufren de hemorroides: No dirás '¡Ouch!' jamás."

"Nunca más tendrás antojo de un cigarrillo."

"Cómo hacer de tus nietos los niños más inteligentes del vecindario."

Algunos ejemplos de productos de dieta:

"Este es el ingrediente secreto que los especialistas del control de peso utilizan en ellos mismos."

"Alimento mágico ayuda a quemar grasa corporal indeseable mientras conduces al trabajo."

"Deja que nuestro quema-grasa natural te ayude a bajar de peso mientras miras televisión."

"Cuatro secretos que las personas delgadas nunca te dirán."

"21 alimentos que aceleran la pérdida de peso."

"Deja que nuestra malteada de proteína adelgace tu cuerpo mientras miras telenovelas."

Algunos ejemplos de salud y bienestar:

"Paracaidista de 31 años descubre el secreto para una piel jovial, suave y humectada."

"Cuatro razones para tomar nuestro suplemento de vitaminas todos los días."

"Cómo tener más energía que tu hijo hiperactivo de tres años."

"Cómo tener aire fresco de montaña para una buena noche de sueño."

Muchos ejemplos de oportunidad:

"Consigue tres cheques al mes en lugar de dos."

"Cómo una secretaria de Ciudad Central le muestra a las personas cómo despedir a su jefe."

"Por qué exactamente deberías de despedir a tu jefe chupa-sangre mata-sueños de inmediato."

"Cómo dos estudiantes de preparatoria duplicaron sus ahorros para la universidad ayudando a los vecinos a ahorrar en sus facturas de telefonía de larga distancia."

"Cómo una ama de casa de Russell ganó $3,121 en sólo dos días."

"9 razones geniales para renunciar a tu empleo ahora mismo."

"Empleado de oficina de 47 años comienza su trabajo los lunes por la mañana con una sonrisa enorme."

"Ama de casa de 21 años gana más dinero en medio tiempo de lo que su esposo con exceso de trabajo gana en tiempo completo."

"Empleado de gobierno con exceso de trabajo le muestra a los contribuyentes ordinarios cómo ahorrar $1,590 adicionales por año."

"Cómo conseguir todo lo que quieres de la vida… pero que no te mereces."

Carlos al rescate.

Mi amigo Carlos, descubrió que imprimir tarjetas de un lado con la oferta bajó el costo a sólo centavos por tarjeta. Dejaba las tarjetas donde sea que un prospecto las pudiera tomar –casetas telefónicas, vestíbulos de hoteles, con taxistas, ¡donde te imagines!– De nuevo, su teléfono comenzó a sonar con personas buscando activamente ganar dinero extra –en otras palabras ¡prospectos calificados!

Ya adivinaste que fue lo que sucedió a continuación. Líderes en su organización descubrieron que no importa lo pequeño del presupuesto de mercadeo, pueden costear dejar tarjetas de presentación en cualquier lugar que los prospectos potenciales las puedan encontrar. ¡La prospección se hizo costeable y libre de rechazo! Todos pueden hacer esto... si la oferta hace que los prospectos llamen.

Sí, se trata de tener una buena oferta.

Ahora, no tienes que imprimir tarjetas de un solo lado con tu oferta. Puedes colocar tu oferta en el reverso de tu tarjeta de presentación también. No hay problema.

Haz tu propia oferta.

Recuerda, no estás limitado a ninguna oferta. Puedes hacer una oferta de un producto o servicio que ofrezcas a través de tu compañía de redes de mercadeo. Aquí hay algunos ejemplos de ofertas que otros distribuidores tienen en sus tarjetas.

Ahora, todas estas ofertas siguen una pequeña fórmula. Aprenderás sobre esta fórmula en un capítulo más adelante. Pero por ahora, disfruta.

* "Cómo un arquitecto de 48 años de Queens, NY dejó de roncar en sólo 3 segundos, ¡después de mantener despierta a su esposa durante 21 años! Para detalles, llama al 123-456-7890."

* "Cómo una niñera de 31 años con exceso de trabajo de Houston, TX le muestra a las personas cómo conseguir 3 horas de energía extra todos los días, ¡sin usar drogas! Para detalles, llama al 123-456-7890."

* "Cómo una trabajadora social de Redlands, CA le muestra a las personas cómo obtener acceso ilimitado a

abogados de calidad ¡por menos de 83 centavos al día! Para detalles, llama al 123-456-7890."

* "Cómo una madre de Atlanta, GA con dos hijos ayudó a una mujer de 150kg a entrar en un bikini talla 6 ¡en sólo 5 meses!Para detalles, llama al 123-456-7890."

* "Cómo un miope capitán de vuelo de Columbus, OH le muestra a las personas cómo cambiar sus trabajos por más tiempo libre en sólo 9 meses. Para detalles, llama al 123-456-7890."

Este método de crear prospectos puede o no ser para ti, pero sugiero que le dejes saber a las personas de tu equipo sobre ello. Tendrás distribuidores que lleven esta idea directo al banco, ¡y eso es bueno para el negocio de todos!

111

Encabezados y primeras frases malas y confusas.

"No es lo que dices, sino lo que tus prospectos comprenden, lo que cuenta."

Yo creo que los encabezados y las primeras frases lo son casi todo. Si no capturas la atención de los prospectos instantáneamente, nunca escucharán tu hermosa presentación.

La mayoría de las presentaciones asumen que tienes a un motivado, interesado, enfocado y amable prospecto sentado frente a ti, en espera de cada palabra que dices. Ja ja ja. ¿Cuándo fue la última vez que te ocurrió eso?

Yo suplico con los empresarios de redes para que **prueben** y **revisen** seriamente sus encabezados y primeras frases. Si estas frases son malas, bueno, estarás saboteando tu presentación entera. Eres un cadáver en la carretera incluso antes de comenzar.

¿Por qué comenzar tus presentaciones con una desventaja?

En lugar de eso, trata de ser claro para que puedas tener la mejor oportunidad de éxito.

Si no piensas que esto es un problema, dale un vistazo a los medios de comunicación. Estos profesionales altamente entrenados han escrito los siguientes encabezados que pueden ser fácilmente malentendidos. Sí, estos son encabezados reales que salieron mal:

* "Algo Salió Mal En Accidente Aéreo, Según Experto."

* "Avión Muy Cerca De Tierra, Choque Lo Comprueba."

* "Policía Comienza Campaña Para Correr Tras Peatones Imprudentes."

* "Expertos En Seguridad Dicen Que Los Pasajeros De Autobuses Escolares Deben Estar Atados."

* "Dos Hermanas Reunidas Después de 18 Años En El Mostrador De Salida."

* "La Casa Pasa Impuesto De Gasolina Al Senado."

* "Ebrio Recibe Nueve Meses Por El Violín."

* "Los Niños Hacen Nutritivos Refrigerios."

* "Juez De New Jersey Se Pronuncia Sobre Playa Nudista."

* "Gotas Para Los Ojos Del Pasillo."

* "Escuadrón Canino Ayuda Con Mordidas De Perro."

* "Si La Huelga No Se Resuelve Pronto, Durará Un Tiempo Más."

* "Vaca Iracunda Lesiona A Granjero Con Hacha."

* "Mujer Ciega Recibe Riñón De Su Padre Que No Ha Visto En Años."

* "Dos Buques Soviéticos Colisionan – Muere Uno."

* "Masacre De Pareja Enfield; La Policía Sospecha Asesinato."

* "Mineros Se Niegan A Trabajar Después De La Muerte."

* "Incluya A Sus Hijos Al Hornear Galletas."

* "Motocicleta A La Venta: Cambio Por Silla De Ruedas."

* "Distribución De Vitaminas Por Multinivel A La Venta Por Mala Salud."

* "Tercera Venta Anual De Clausura."

* "Venta Por Divorcio: Artículos Para Hombre Baratos."

Estos confusos encabezados no están limitados a periódicos. Aquí hay algunos letreros que pudieran usar algo de edición de encabezados y primeras frases:

En la ventana de una tienda de Oregon: "¿Por qué ir a otro lugar y ser estafado cuando puede venir aquí?"

En una vía elevada en Tennessee: "Cuando este letrero está bajo el agua, este camino es intransitable."

En un restaurante de Maine: "Abierto siete días por semana y fines de semana."

En una estación de gasolina de Santa Fe: "No se le venderá gasolina a nadie en contenedor de vidrio."

En una tienda de ropa para caballero en Tacoma, Washington: "15 trajes de lana para caballero, $10. No durarán una hora."

Un anuncio de una lavandería bien establecida: "38 años en el mismo punto."

En una tienda de abarrotes: "¡Súrtase y ahorre! Limitado a 1 por cliente."

En la ventana de una tienda de electrodomésticos de Kentucky: "No asesine a su esposa. Deje que nuestra lavavajillas haga el trabajo sucio."

En una tienda de ropa: "Maravillosas baratas para hombres con cuellos de 17 y 18."

En una casa funeraria: "Pregunte por nuestros planes de anticipado."

Está bien, sólo un poco más de humor.

Y mientras estamos en el tema de encabezados y primeras frases confusas, aquí está mi encabezado lindo favorito de un periódico de Salem, Massachusetts:

"Adivino Enano Escapa De La Cárcel; Policía En Busca De Un Pequeño Medium Largo."

Sí, ese es un encabezado lindo, pero toma un poco comprenderlo. La mayoría de los prospectos no se tomarán el esfuerzo de descodificar tu encabezado lindo.

Así que apégate a encabezados claros, cargados de beneficios. No hagas que los prospectos trabajen demasiado.

Basta de sonrisas. Vamos a ponernos serios.

La manera más fácil de ser entendido es haciendo una oferta clara. ¿Quieres algunos ejemplos?

* "Asistencia y asesoría legal por teléfono por sólo $25 al mes."

* "Cómo despertar por la mañana sintiéndose como millonario."

* "Haz que tu piel se vea 20 años más joven en sólo 45 segundos por día."

* "Cómo trabajar tres semanas por mes, pero recibir pago por cuatro."

* "Vende tu despertador a tu vecino."

* "Toma vacaciones de cinco estrellas por el precio de un Holiday Inn."

* "Haz que tu piel deje de envejecer mientras duermes."

* "La guardería no es sustituto a una buena madre."

* "Construye un ingreso de tiempo completo en seis meses, sin dejar tu trabajo."

Sólo recuerda esto. Si tu prospecto está confundido, o no puede comprender claramente tu primera frase o encabezado, eso es casi tan malo como tener un encabezado o primera frase terribles. No te conectarás con tu prospecto.

¿No puedes pensar en una buena primera frase o encabezado?

¿Tienes problemas al pensar en una primera frase genial que hará que tus prospectos abran su mente y se entusiasmen?

Aquí está la manera más sencilla de conseguir ideas para primeras frases y encabezados geniales.

Modela a los profesionales.

Tabloides, revistas, y semanarios baratos y corrientes tienen sólo una cosa que pueden vender al lector potencial: **encabezados.** Cuando estás frente a un puesto de revistas, no tienes tiempo de leer los artículos. Sólo tienes tiempo de leer los encabezados rápidamente mientras tomas la decisión de cuál periódico o revista comprarás.

La mayoría de las publicaciones contratan escritores bien pagados para crear encabezados interesantes. ¿Por qué no usar su creatividad para echar a andar tu imaginación? Puedes leer sus costosos encabezados y modificarlos para adecuarse a tu negocio de redes de mercadeo.

Por ejemplo, en uno de los pasados Cruceros de MLM, dos de los empresarios de Eslovenia encontraron una revista en un puesto en las Islas Vírgenes. La revista se llamaba *Womans's Own*. Esta publicación llenaba su portada por completo con encabezados por que **los encabezados venden.**

Tomemos algunos de estos encabezados y modifiquemosloss para nuestro negocio de redes de mercadeo. Recuerda, podemos usar estos encabezados como primeras frases en nuestras presentaciones personales y grupales también. Mejores primeras frases harán que nuestras reuniones y presentaciones sean más emocionantes para nuestros prospectos.

Encabezado de *Woman's Own*: "¡Pierde 3kg En Tres Días! Olvídate De La Grasa."

Nuestro encabezado: "Ahorra $1,500 por año! ¡Deducciones De Impuestos Para Pequeños Negocios Disponibles Para Todos!"

Encabezado de *Woman's Own*: "Amando A Un Hombre Que Te Engañó. Los Matrimonios Pueden Sobrevivir Una Infidelidad. Aquí Está Cómo."

Nuestro encabezado: "¿Quebrado Después De 20 Años De Esclavitud En El Trabajo? Cómo Construir Una Cuenta De Ahorros Masiva Con Tu Propio Negocio De Medio Tiempo."

Encabezado de *Woman's Own*: "La Única Falla Que Hace A Un Hombre Una Pareja Imposible."

Nuestro encabezado: "La Única Falla Que Destruirá Tu Carrera Todas Las Ocasiones."

Encabezado de *Woman's Own*: "¿Decisión Importante? Conoce A Tres Psíquicos Que Te Ayudarán."

Nuestro encabezado: "¿Inseguro Sobre Tu Futuro Financiero? Conoce A Tres Emprendedores Que Cambiarán Tu Vida Para Siempre."

Encabezado de *Woman's Own*: "Hay Maneras De Encontrar Tu Compañero De Vida: 10 Secretos De Los Cupidos Más Famosos Del Mundo."

Nuestro encabezado: "Puedes Jubilarte En Cinco Años: 10 Secretos De Emprendedores Locales."

Como puedes ver, este juego de "Crea Un Encabezado Similar" es sencillo. Entre más lo hagas, tendrás mejores encabezados y primeras frases. Intenta practicar esta técnica a donde sea que vayas. Cuando veas un encabezado genial en un espectacular o publicidad, conviértelo en un poderoso encabezado para tu negocio de redes de mercadeo.

Esta no es la única manera de crear encabezados y primeras frases geniales. Resulta que hay una manera fácil y rápida que también funciona.

Incluso las revistas por computadora tienen buenos encabezados.

Las revistas para dama son las mejores, pero incluso hay buenas ideas de venta en revistas por computadora. Intentemos modelar una ahora.

"La piraña del Amazonas usa sus dientes filosos como navajas para **desgarrar sangrientos trozos** de tu carne **temblorosa** hasta que te **agites y convulsiones** en una **agonía demencial** y **supliques** que alguien **te mate.** (Algo como usar el fax en red de alguien más.)"

119

Nota cómo el autor usó verbos. Los verbos le dan fuerza al encabezado. Muchos escritores amateur de encabezados toman el diccionario más cercano y tratan de hacer un encabezado interesante al usar adjetivos lujosos. Los adjetivos son débiles. Los verbos son fuertes.

Si piensas que este encabezado es muy largo, está bien. No importa lo que nosotros pensemos. **Lo que el prospecto piensa es lo que cuenta.** Las investigaciones muestran que **los encabezados largos obtienen mejor respuesta** que los encabezados cortos.

Así que aquí está nuestra versión para redes de mercadeo:

"Hacienda **despliega** sus deducciones **chupa-sangre** para **encoger** tu sueldo y que termines **esclavizado** en el cautiverio de la oficina hasta que **cumplas** 65... luego, puedes **morir de inanición** con 40% de tu ingreso original."

¿Demasiado horrible? Tal vez. Sin embargo, hará que las personas se retuerzan. El encabezado es emocional y causa que las personas piensen.

Recuerda, este encabezado no tiene que estar impreso. Puede ser una de las primeras frases fuera de tu boca durante una presentación. O, tal vez puedas abrir tu junta de oportunidad con esta primera frase.

¿Los resultados de usar mejores encabezados? Bueno, intenta abrir la junta de oportunidad de la próxima semana con una poderosa primera frase. Luego, observa a los prospectos inclinarse hacia adelante y abrir sus mentes. Prepárate para una explosión en tu negocio de redes de mercadeo.

Tu primera frase para "Romper el Hielo."

Cuando cambias el tema de asuntos personales a tu negocio, necesitas una gran frase para capturar el interés de tu prospecto.

Seguro, puedes comenzar una conversación al decir cosas **inútiles** tales como las siguientes frases:

1. "Hola, ¿cómo estás?"

2. "Buen clima el día de hoy."

3. "¿De dónde eres?"

4. "Bonito saco."

5. "¿Cómo está la esposa y los niños?"

6. "¿Qué hay de nuevo?"

7. "¿Qué tal el partido anoche?"

Estas primeras frases son inútiles. No estamos introduciendo nuestro negocio a los prospectos. Nos estamos enfrascando en charla ociosa en lugar de dejarle saber a nuestro prospecto sobre lo que estamos ofreciendo.

Sólo compara la frase de apertura en estos dos ejemplos.

Ejemplo A: "Sí, qué bueno hablar contigo, y a propósito, ¿has considerado que tus opciones de ingreso están siendo limitadas por tu trabajo de ingreso lineal" (Auch.)

Ejemplo B: "Sí, qué bueno hablar contigo, y tengo curiosidad, ¿te gustaría viajar más si alguien pagara por ello?

Hmmm. ¿Cuál ejemplo puede tener una mejor respuesta? Es obvio. Una primera frase bien pensada es muy importante, especialmente para "Romper el Hielo". Para "Romper el Hielo" con buenas primeras frases, escribí un libro entero con fórmulas y está disponible en http://www.BigAlBooks.com.

Una mala transición de charla social a introducir tu negocio puede ser fatal. Y si tus distribuidores no tienen primeras frases geniales para introducir su negocio a la conversación, no dirán nada debido a que le temen al rechazo.

Debes de encontrar una manera cómoda de decirle a los prospectos lo que haces. Si tu prospecto está interesado, te preguntará por más información.

No necesitas hacer labor de venta.

No necesitas pedirles su orden.

No necesitas hacerles una pregunta inductiva que los coloque en terreno incómodo.

Si tratas de venderle a los prospectos o ponerlos incómodos, obligas a tus prospectos a pensar en maneras de rechazarte. Ellos querrán evitar una presentación, así que dirán cosas como estas:

* "No estoy interesado."

* "Es pirámide."

* "Estoy muy ocupado."

* "Mi amigo hacía eso y no le funcionó."

* "Alguien en China perdió dinero con eso."

* "Soy alérgico a todo."

* "Sólo estoy a 44 años de mi jubilación."

* "Ohh, eso es muy caro."

* "Nunca haría algo como eso."

Los viejos de Ucrania.

Aquí está otro ejemplo sobre la importancia de elegir la frase correcta. Quizá lo recuerdes de mi libro sobre historias.

Estaba en Ucrania hablando frente a unas 400 personas. Yo sabía que eran viejas por que yo era la persona más joven ahí. Les pregunté:

—Así que, ¿qué es lo que dices para mantener a toda la gente joven lejos?

Bueno, ellos no tuvieron sentido del humor para esa pregunta. Ellos insistían que los jóvenes no estaban interesados en sus productos o su oportunidad. Finalmente, les pregunté:

—Bueno, si te encuentras con alguien que tiene 18 años, ¿cuál es tu primera frase?

Ellos respondieron:

–¡Te puedes retirar cinco años antes con nuestra genial oportunidad!

Auch.

Cinco años antes es como 40 años lejos para un prospecto que tiene 18 años, ¿qué podrías decir que fuese una mejor primera frase? ¿Qué tal algo como esto?:

* "¿Estaría bien si no tuvieses que trabajar 40 años como tus padres?"

* "¿Te gustaría viajar más y que te paguen?"

* "Acabo de encontrar cómo podemos elegir nuestros horarios cuando trabajamos."

* "¿Quieres pasar tu vida como empleado?"

* "¿Cómo te sientes al levantarte todos los días a las 7am y salir al tráfico para ir a trabajar?"

* "¿Recibes vacaciones suficientes para hacer los viajes que deseas?"

* "¿Tu trabajo interfiere con tu semana?"

* "¿Te gustaría ganar más dinero de medio tiempo que lo que tu profesor gana de tiempo completo?"

¿No es tu estilo?

Tal vez te guste un acercamiento más seguro, más sutil. O tal vez quieres una técnica para "Romper el Hielo" que localice solamente a personas que **quieren** hacer tu negocio. Las anteriores son sólo sugerencias de muestra.

Es por eso que las habilidades son importantes. Si tienes habilidades, tendrás muchas frases probadas para "Romper el Hielo" de las cuales puedes elegir.

Si no tienes habilidades... bueno, se te hará difícil.

No me importa qué tan emocionado estés, qué tan positivo seas, y cuántas metas te fijes. Eventualmente tendrás que **decir algo o hacer algo.**

Y ahí es donde las habilidades entran para abonar a tu éxito.

Para arrancar tu imaginación.

* "¿Estás en serios problemas de dinero? Excelente, hablemos."

* "¿Estás en forma... financieramente?"

* "¿Estás en la carrera de la rata y las ratas están ganando?

* "¿Estás perdiendo sueño por el estrés?"

* "¿Estás ganando todo el dinero que necesitas?"

* "¿Te dijeron 'NEXT'?"

* "¿Trabajas mucho y ganas poco?"

* "¿Estás planeando retirarte antes de morir?"

* "¿Vale la pena perseguir tus sueños?"

* "¿Eres un 'sabelotodo'? ¡Consigue el último secreto para hacer dinero!"

* "¿Estás frustrado con tu carrera?"

* "¿Estás tirando tu dinero al retrete?"

Tu firma al final de tus correos electrónicos.

Aquí hay un lugar genial para atraer prospectos a tu negocios o producto sin rechazo. Al elegir la primera frase apropiada para tu archivo de firma, puedes hacer que las personas tomen acción y te pidan una presentación.

Si no estás familiarizado con el archivo de firma, es el "P.D." al final de tu correo electrónico.

Deberás de hacer tu archivo de firma interesante para que tus prospectos tengan una razón de visitar tu sitio web o hacerte una llamada. Aquí está un archivo de firma que utilicé exitosamente para agregar más de 2,000 suscriptores a mi semanario electrónico.

P.D. ¿Los hombres son mejores para redes de mercadeo que las mujeres? Aquí está la prueba:

http://ENLACE

También usé:

P.D. Para una buena carcajada y ver la expresión de mi esposa, haz click aquí:

http//ENLACE

127

Ambos archivos de firma envían a las personas a un corto video de presentación de 15 segundos. La presentación en video fue creada por mi sobrino de 15 años.

¿Precio? Un six-pack de cerveza. (Sólo bromeo, su madre no me lo permitiría.) Así que, lo llevé a un Starbucks para darle una hiper dosis de cafeína azucarada como recompensa por su hora de programación.

Los archivos de firma funcionaron bien debido a que:

P.D. ¿Los hombres son mejores para redes de mercadeo que las mujeres? Aquí está la prueba:

http://ENLACE

y

P.D. Para una buena carcajada y ver la expresión de mi esposa, haz click aquí:

http//ENLACE

crearon **tensión** y **curiosidad**. Si tus primeras frases son aburridas, simplemente no funcionan.

Debido a que el video era divertido, las personas pasaron el enlace a sus compañeros de trabajo y amigos. El efecto viral fue masivo.

Al final de la presentación de video estaba una oferta para 77 tips GRATIS. Alrededor de 45% de los visitantes se suscribieron. Ahora tenía 77 oportunidades **más** para crear una relación con el prospecto.

Esta técnica fue una de las menos costosas, y aún así de las más efectivas que usé para crear prospectos calificados.

Así que, ¿qué podrías usar para tus archivos de firma? Aquí hay varios ejemplos para hacerte pensar:

* Click aquí para ver cuál de las fotos se parece a ti.

* ¿Esto se ve como tus vacaciones anuales? Click aquí.

* Click aquí para ver una foto de la cara de mi jefe cuando le dije "Renuncio."

* ¿Tu recibo telefónico se ve como esto? Click aquí para ver una foto de mi recibo.

* Click aquí para ver las fotos del "antes" y "después" de mi madre.

* Click aquí para ver un video de 7 segundos del viaje diario que hago a mi trabajo.

* Click aquí para ver una foto del estómago de mi esposa.

* Click aquí para ver cómo una abuela de 46 años consigue vuelos gratis para visitar a sus nietos.

* Click aquí para ver una foto del auto gratis que elegí. No vas a creer lo que pedí.

* Aquí está una foto de un extraño cheque "de bonificaciones" que recibí por correo ayer.

* ¿Quieres semanas laborales de cuatro días? Click aquí para ver cómo.

¿Qué tienen en común todos estos ejemplos?

Son interesantes. Crean curiosidad. Y todos estos ejemplos dirigen a los lectores a tu sitio web.

¿Te diste cuenta que la mayoría de estos archivos de firma comienzan con una llamada a la acción? "Click aquí para ver la foto de…" es un gran motivador que dirige a los prospectos a tomar acción.

¿Y cómo luce un archivo de firma aburrido?

Así:

"La mejor oportunidad de negocio desde casa, con un increíble estilo de vida. Votada como la #1 según alguien que no conozco. Ve a

http://www.mipaginadeoportunidadaburrida.com/1234/id=j2kt4/perdidoenelespacio"

Ahora, eso es malo.

Así que si no tienes un archivo de firma actualmente, no te cuesta nada agregarlo a tus correos electrónicos. Sólo asegúrate de que sea bueno.

Un encabezado para tu anuncio.

Hay libros sobre libros sobre encabezados.

Si el encabezado no captura la atención del lector, nadie leerá lo que viene después. Eso significa que no importa lo bueno de tu oportunidad, tus productos, tus servicios o tu oferta... nadie **verá** lo que tienes a menos que captures primero su atención con tu encabezado.

Los encabezados son la parte más importante de tu anuncio. ¿Quieres pruebas?

¿Recuerdas nuestro ejemplo anterior? ¿Lees cada artículo en el periódico? Por supuesto que no. Así que, ¿cómo decides cuáles artículos leer?

Por los encabezados.

Por ejemplo, veamos qué haces mientras hojeas tu periódico y observas los siguientes encabezados:

"Conflicto continúa en Europa." (El mismo encabezado de diario, creo que voy a continuar y leer otro artículo.)

"Incendio destruye muchos edificios." (Está bien. Es terrible, pero sucede a menudo.)

"El gobierno propone pasar más leyes." (Nada inusual aquí.)

"El bisnieto de Elvis Presley con dos cabezas se fuga con alienígena de dos cabezas." (Hmmm, más vale que lea este artículo.)

¿Qué está sucediendo?

¿Por qué decidimos sólo leer el último artículo?

Por que era **interesante**. Nuestras vidas están ocupadas y no queremos perder tiempo leyendo artículos aburridos. Queremos algo de emoción.

Y los tabloides lo saben.

Dale un vistazo a todos esos baratos, sórdidos tabloides de pacotilla en el mostrador de salida en tu supermercado local o puesto de revistas. ¿Realmente qué es lo que tienen para vender?

¿Una sección de deportes genial? No.

¿Periodismo destacable y de relevancia? No.

¿Profundos reportes de negocios? No.

¿Encabezados interesantes? Si.

Es todo lo que tienen para vender –sólo encabezados. Y hacen un trabajo excelente vendiendo tabloides por que todos adoramos encabezados interesantes.

¿Cuales son algunos ejemplos de encabezados interesantes como los de tabloides que puedes usar en tus anuncios? Aquí hay algunos de mis favoritos que seducen al lector a leer más:

* "Ama de casa de Atlanta investigada y casi arrestada por perder 30kg."

* "Abuela con sobrepeso, pierde 25kg, roba las mallas ajustadas de su nieta y entra a concurso de Limbo."

Si quisiéramos perder peso, definitivamente decidiríamos leer el resto de estos anuncios. ¿Por qué? Por que los encabezados son interesantes.

**¿Pero qué es lo que hace interesantes
a ciertos encabezados?**

Bueno, cuando hablamos sobre personas, es interesante. Es por eso que las telenovelas tienen ratings tan altos. Es por eso que las revistas de chismes llenas de fotografías paparazzi tienen tantos lectores. Nos gusta husmear en las vidas de las demás personas.

Y agregar datos específicos a tus encabezados los hace más creíbles también. Es por eso que incluí números nones específicos en mi fórmula de cinco pasos.

¿Estás listo para la fórmula de cinco pasos para que puedas crear encabezados baratos, sórdidos, de pacotilla (pero muy interesantes) como los tabloides?

Aquí está:

Paso #1: Beneficio.

Paso #2: Ocupación.

Paso #3: Geografía.

Paso #4: Números nones.

Paso #5: Personalidad.

¡Eso es todo! Esta fórmula "Big Al" especial de cinco pasos para encabezados interesantes estilo tabloide te ayudará a crear primeras frases geniales para capturar la atención de tus prospectos. Usa estos encabezados o primeras frases, y ellas crearán el interés que estás buscando en tus prospectos.

Luce simple, pero pongámosla en uso para obtener algunos encabezados interesantes.

**Paso # 1: Vamos a elegir un beneficio
para nuestro producto.**

Imagina que vendemos asesoría de impuestos para emprendedores. Nuestro encabezado debe de incluir un beneficio (ahorrar impuestos), así que nuestro encabezado debería de decir:

"Cómo ahorrar dinero en tus impuestos."

Buen comienzo, pero podría ser mejor. Continuemos con el:

Paso # 2: Ocupación.

Tal vez el asesor de impuestos solía ser un cajero en el banco.

Ahora podemos mejorar nuestro encabezado al decir:

"Cajero de banco mal pagado le muestra a la gente ordinaria cómo ahorrar dinero en sus impuestos."

Mejoró el encabezado, ¿no es así? Es más interesante con esta revisión. Pero podemos hacer más.

Vamos a continuar con el:

Paso #3: Geografía.

Tal vez nuestro asesor de impuestos vive en Weird Falls, Virginia. Ahora podemos mejorar nuestro encabezado un poco más al decir:

"Cajero de banco mal pagado de Weird Falls, Virginia, le muestra a la gente ordinaria cómo ahorrar dinero en sus impuestos."

Especificar una ubicación geográfica agrega un factor de credibilidad a nuestro prospecto. Si quieres ahorrar dinero en impuestos, leerías este anuncio, ¿no es así?

Tenemos dos pasos más:

Paso #4: Números nones.

Ahora, ¿cuál de los dos tiene mayor credibilidad?

1. "Unos mil."

2. "973."

Cuando decimos "973" a alguien, es más creíble debido a que es **específico**. Así que ahora le agregaremos números nones a nuestro encabezado para obtener:

"Cajero de banco mal pagado de Weird Falls, Virginia, le muestra a la gente ordinaria cómo ahorrar $751 en impuestos al agregar sólo un formulario."

Definitivamente querrías leer este anuncio ahora para enterarte de cuál formulario hay que agregar a tu declaración de impuestos.

Y finalmente:

Paso #5: Personalidad.

Las gente adora las personalidades. Es por eso que leemos los chismes de Hollywood, miramos películas y programas de televisión. Las personas aburridas se convierten en catedráticos. Las personas con personalidades se convierten en artistas.

Al agregar una o dos palabras de personalidad, hacemos que este encabezado salte a la vida.

¿Qué tipo de palabras describen la personalidad? Algo como:

* Aburrido.

* Energético.

* Honesto.

* Semi-honesto.

* Amoroso.

* Cariñoso.

* Hiperactivo.

* Despótico.

* A menudo sobrio.

* Creativo.

* Valiente.

* Cobarde.

* Tímido.

* Extrovertido.

Y sólo son un comienzo. Agreguemos algo de personalidad como paso #5, y nuestro encabezado se convierte en:

"Aburrido y mal pagado cajero de banco de Weird Falls, Virginia, le muestra a la gente ordinaria cómo ahorrar $751 en impuestos al agregar sólo un formulario."

¿Y cómo podríamos usar esta frase?

Digamos que estás a punto de dar tu presentación de un minuto en un evento de redes. Podrías comenzar tu discurso diciendo:

–Déjenme decirles cómo un aburrido y mal pagado cajero de banco de Weird Falls, Virginia, le muestra a la gente ordinaria cómo ahorrar $751 en impuestos al agregar sólo un formulario.

Ahora tienes la completa atención de la audiencia. Así de fácil.

¿Quieres algunos otros ejemplos usando esta simple fórmula de cinco pasos?

Paso #1 (beneficio):

"Cómo dejar de roncar."

Paso #2 (ocupación):

"Cómo un mecánico automotriz descubrió por accidente cómo dejar de roncar."

Paso #3 (geografía):

"Cómo un mecánico automotriz de Iowa descubrió por accidente cómo dejar de roncar."

Paso #4 (números nones):

"Mecánico automotriz de 61 años de Iowa descubrió cómo dejar de roncar en sólo 13 segundos."

Paso #5 (personalidad):

"Cómo un grasiento mecánico automotriz de 61 años de Iowa descubrió cómo dejar de roncar en sólo 13 segundos."

¿Quieres hacerlo de nuevo?

Paso #1 (beneficio):

"Cómo ganar más dinero."

Paso #2 (ocupación):

"Asistente de maquillista le muestra a las madres cómo ganar más dinero."

Paso #3 (geografía):

"Asistente de maquillista de Diamond County le muestra a las madres cómo ganar más dinero."

Paso #4 (números nones):

"Asistente de maquillista de 21 años de Diamond County le muestra a las madres cómo ganar $323 extras por semana."

Paso #5 (personalidad):

"Asistente de maquillista de 21 años de Diamond County le muestra a las madres agotadas por exceso de trabajo cómo ganar $323 extras por semana ."

¿Una vez más?

Paso #1 (beneficio):

"Cómo trabajar desde casa."

Paso #2 (ocupación):

"Ex-camarera le muestra a las personas cómo trabajar desde casa."

Paso #3 (geografía):

"Ex-camarera de New York le muestra a las personas cómo trabajar desde casa."

Paso #4 (números nones):

"Ex-camarera de New York de 31 años, le muestra a las personas cómo trabajar desde casa."

Paso #5 (personalidad):

"Ex-camarera introvertida de New York de 31 años, le muestra a las personas cómo trabajar desde casa ."

¿Es ésta la única manera de hacer encabezados y primeras frases interesantes?

No. Sólo es una fórmula fácil de 5 pasos que te pondrá en marcha. Una vez que tengas tu fabuloso y asombroso encabezado o primera frase de tabloide con la fórmula de cinco pasos de Big Al, puedes editar o ajustar la frase para satisfacer tus necesidades.

La línea de asunto de tus correos electrónicos.

¿Qué tan fácil es borrar un correo electrónico?

Las personas rápidamente juzgan sus correos electrónicos por:

#1. Quién envío el correo.

#2. La línea de asunto del correo.

Tu línea de asunto es un filtro para tus lectores.

Si tu lector no reconoce tu dirección de correo electrónico, él entonces procede a la línea de asunto para ver si el mensaje es correo no deseado.

Evita líneas de asunto que aparentan que estas vendiendo algo. Haz tu línea de asunto tan personal como sea posible. Tu mensaje está a sólo un click o dos de ser eliminado, así que haz tu línea de asunto interesante.

Debería de ser obvio, pero evita palabras en la línea de asunto tales como:

* Viagra.

* Oportunidad.

* Ganar.

* Sexo.

* Cámara Espía.

* Gratis. (Sí, esto puede ser un punto malo. Ponlo a prueba.)

* Aseguradora.

* Descuento, etc.

A continuación, mira qué palabras o frases alejan a los prospectos.

Algunas palabras alejan prospectos mientras que otras palabras hacen que tu oferta sobresalga de entre la multitud. Esto es importante si tu correo está compitiendo contra otros 100 correos que el prospecto recibe ese día.

Así que, ¿sabes qué palabras **motivan** a los prospectos?

¿Cómo sabes cuáles palabras instantáneamente clausuran el deseo de tu prospecto de investigar a detalle tu programa?

Es fácil saberlo. Sólo ponte en los zapatos de tu prospecto. Así es como lo hago.

Primero, me aseguro de no clausurar la motivación del prospecto con frases viejas y cansadas que dicen: –Esta es una más de todas aquellas presentaciones de multinivel.

Segundo, trato de evitar el exceso de exageración que destroza la credibilidad.

Tercero, hago trampa. Leo mi correo electrónico y miro las líneas de asunto.

Sólo leo las líneas de asunto de otras personas y aprendo **qué no decir.** Sí, qué no decir.

Después de leer 50 o 60 líneas de asunto malas que tratan de incitar a que alguien abra el correo y se incorpore en una nueva compañía, de pronto las ofertas comienzan a lucir similares. Las ofertas se hacen borrosas. Das una mirada a la línea de asunto, eliminas el correo, y repites.

Aquí está a lo que me refiero. Estas son algunas líneas de asunto reales sobre ofertas que he visto... y mis pensamientos.

* **¡Muéstrame El Dinero! 20 x 10 = $100,000** (Oh claro, suena creíble.)

* **¡De $0 A Más De $200,000 En Sólo 60 Días! ¡Puedo Demostrarlo!** (Supongo que la demostración venía en el anexo que nunca llegó.)

* **¡El Primer Sistema Completo Del Mundo Para Hacerte Rico!** (¿No he escuchado esto antes en otra parte? Sí, ayer otras dos ofertas aseguraban ser el primero, el mejor, y el más completo sistema.)

* **El Sistema De Éxito Del Equipo Victorioso. ¡El Sistema De Reclutamiento Más Exitoso Del Mundo!** (¿Este es mejor que el Primer Sistema Completo Del Mundo?)

* **El Nuevo Té De Moda, El Mejor Programa De Prospección De La Industria! 2 x 10 Matriz De Desbordamiento Con Potencia Global. ¡No Se Requiere Patrocinar!** (¿Este es mejor que el programa anterior? Si no se requiere patrocinar, entonces, ¿de donde proviene el desbordamiento?)

* **Maravilloso Sistema Para Ganar Dinero. Programa Facilísimo Para Redes Sociales – Sin Hacer Contactos Personales.** (Tal vez deberían contactar personalmente a los dos remitentes anteriores y, ¿comparar sistemas?)

* **La Piscina De Los Prospectos De Oro. ¡Matriz De Desbordamiento De Flujo Forzado! NO Se Requiere Reclutar – ¡Pero Se Gana Muy Bien!** (Sin trabajo. Sin reclutar. Me pregunto si tendré que llenar una aplicación.)

* **Compañía De Un Año. Sólida. Libre De Deudas. ¡Nuevo Y Mejorado Plan De Compensación!** (Supongo que están libres de deudas por que sus antecedentes son tan malos, que no califican para un crédito. Da gusto saber que tienen un nuevo y mejorado plan de pagos. El anterior debió haber sido terrible.)

* **¡Si No Ganaste $20,000 El Mes Pasado, Lee Esto!** (Y luego el correo me dice que sólo voy a ganar de 5 a 8 mil al mes por los primeros pocos meses. ¡Qué fastidio!)

* **¡El Tiempo Lo Es Todo! ¡Sin Binarios! ¡Sin Regla De 1/3! ¡Sin Campañas De Correo! ¡Sin Llamadas Telefónicas! ¡Sin Compras Mensuales!** (Sin cheques de pago tampoco, ¿eh?)

* **¡Construiré Tu Negocio Por Ti! Trabajaré Para Ti GRATIS.** (Seguro, ¿y me vas a dar un sueldo mientras te observo trabajar?)

Es cierto que algunas de estas palabras y frases son motivadoras por sí mismas, pero después de que tus prospectos han sido bombardeados con estas ofertas, no quieres sonar como todas las demás ofertas.

Aquí hay una lista parcial de frases de "alerta roja" que advierten a los prospectos de un posible truco:

* Todos ganan dinero en este plan.

* Gane $XXXX en los próximos siete días.

* Deje de perder tiempo con los otros programas.

* El más nuevo y mejor programa del siglo.

* Pre-lanzamiento, pre-registro, pre-apertura, pre-concepción.

* Estoy a sólo dos generaciones de un mega líder.

* Sin trabajo, sin patrocinar, sin vender.

* El único sistema, el mejor sistema, el sistema más revolucionario, el sistema que eliminará todos los demás sistemas.

* Oportunidad de una vez en la vida.

* Sé el primero. Entra antes de que tu organización entre.

* La oportunidad perfecta.

* Entra ya, antes de que sea demasiado tarde.

* Construiremos tu organización por ti.

* Llame ya para ubicarlo en la cima.

* Sin reuniones. Sin papeleo. Sin productos.

* Programa asombroso para generar dinero.

Estoy seguro de que puedes agregar varias a la lista.

145

Estas frases le gritan a nuestros prospectos "¡¡**Peligro, peligro!!**" Yo trato de evitar estas frases y palabras en mis encabezados y presentaciones.

Bien, si estamos tratando de evitar todas estas frases, entonces, ¿qué decimos? ¿Qué tipo de palabras y frases podemos usar para atraer prospectos y darle credibilidad a nuestra oportunidad?

La primera frase que tu lector mira en tu correo es la línea de asunto. Un poco de curiosidad puede motivar a tu lector a abrir tu correo y continuar.

¿Algunos ejemplos?

Acabo de revisar en mi carpeta de correos no deseados y aquí hay algunas de las mejores líneas de asunto:

* Dejar De Fumar: Aprenda Cómo Vivir Sin Cigarrillo.

* ¡Nuevo Repelente De Carbohidratos Tiene Asombrado A Todo Hollywood!

* ¡Cirugía Facial Embotellada!

* Haga Esto Para Revertir Su Diabetes.

* Reembolsos Federales Pagan Tu Energía Solar.

* Regularice Su Azúcar En Sangre Con Este Antiguo SECRETO.

* Podrías Estar Alimentando A Tu Familia Con Este Peligroso Alimento.

* Prueba Antes De Comprar – Reduce Tu Azúcar En Sangre.

* Toma Unas Vacaciones De Ensueño En Irlanda.

* Lo Que Tu Proveedor De Electricidad No Quiere Que Sepas.

Lo que quieres es que tu línea de asunto filtre y seleccione por ti a los prospectos interesados, pero no quieres que tu línea de asunto revele demasiado. Si dices demasiado en tu línea de asunto, no hay motivación para abrir tu correo y leer tu oferta o historia.

Aquí hay algunos ejemplos donde la línea de asunto lo dice todo, y arriesga a que el prospecto haga una decisión final basada en las pocas palabras en la línea de asunto:

* ¿Te Gustaría Ver TV HD Gratis Por 24 Meses? – ¡Conoce La Mejor Antena Jamás!

* Protege Y Embellece El Piso De Tu Cochera.

* El Servicio De Citas Más Buscado Del Mundo.

* ¿Los Precios Están Bajando? Califica Hoy Para El Programa Gubernamental HARP.

* Suplemento Anti-envejecimiento Clínicamente Probado.

* Recubrimiento Protector Para Concreto, Acero Y Madera – 35% De Descuento.

* Obtén Tu Cupón CVS.

* ¿Calificas Para Un Financiamiento?

Puedes aprender mucho sólo leyendo las líneas de asunto en tu carpeta de correo no deseado. :)

¿Pero qué hay de tu negocio?

Creemos ahora algo de curiosidad e interés con algunas líneas de asunto "a la carta".

* Cómo mi madre perdió peso sin hacer dieta.

* Así es como mi hija eliminó su acné de adolescencia.

* Nunca más te preocupes por tu recibo de luz. Aquí está cómo...

* Dónde pasar las vacaciones familiares... y ahorrar dinero.

* Dile esto a tu jefe el lunes por la mañana...

* ¿Por qué las personas inteligentes reciben un cheque extra?

* Crea un ingreso de tiempo parcial, para pagar la hipoteca.

* Duerme hasta medio día. Olvida el tráfico al trabajo.

* No mueras en tu trabajo. Cómo renunciar pronto.

* Los empleos interfieren con la semana. Cómo recortar eso...

* Cómo hacer que tu negocio pague la mensualidad del auto.

Nuestros correos electrónicos son inútiles si nadie los lee. Un poco de sentido común como estos tips nos puede hacer más efectivos.

La línea de asunto de tus publicaciones de redes sociales.

Durante un crucero de tres semanas, me aburrí. Había demasiado océano mientras cruzábamos la Antártica, así que decidí pasar el tiempo en foros y redes sociales.

Debido a que eran los últimos de diciembre, publiqué una lección sobre fijar y lograr metas en un foro para empresarios de redes de mercadeo. Pareció apropiado.

Aquí está la línea de asunto de mi publicación que apareció a los lectores del foro:

Se deslizó frente a mí como un ninja cubierto en Vaselina.

Recuerda esta primera frase.

Ahora, cuando los lectores daban click en mi publicación, veían el resto de mi artículo. Hablé de cómo el año pasó rápidamente, cómo no logré las metas que quería, y cómo llegué a una solución de 13 páginas que podían descargar sin costo.

Revisemos. Nadie verá mi publicación con mi descarga gratuita **a menos** que hagan click en la primera frase en la línea de asunto de la publicación.

Así que, ¿esa frase es importante? ¡Sí!

¿La primera frase hace una diferencia?

Totalmente. Aquí hay pruebas.

Inmediatamente después de la línea de asunto, este foro mostraba cuántas veces era leído cada mensaje.

Aquí hay algunos totales de visitas para algunos de los mensajes antes de mi publicación, y algunos después. Observa con atención los números de visitas:

* Darle tiempo es la clave (13 visitas)

* Hola – soy nuevo en este foro (63 visitas)

* Hola Jason... ¡soy viejo en el foro! (23 visitas)

* Re: ¡Bienvenido a la familia! (14 visitas)

* MLM -vs- CDM (74 visitas)

* Se deslizó frente a mí como un ninja cubierto en Vaselina (134 visitas)

* ¡Wow!... (78 visitas)

* Regulaciones de la Industria (74 visitas)

* Perfil del sábado (64 visitas)

* ¿Puedes leer? (70 visitas)

* Prueba una sala de chat (56 visitas)

La primera frase sólo hizo que 13 personas leyeran más a fondo.

La primera frase, más interesante, "Se deslizó frente a mí como un ninja cubierto en Vaselina", ¡recibió **diez veces** más personas que leyeran más a fondo!

Piensa en esto.

Al cambiar solamente la primera frase, nuestro esfuerzo fue diez veces más lejos. Esa es una manera genial de apalancar tu tiempo. ¿No piensas que sería sabio invertir unos pocos minutos más haciendo más atractiva esa primera frase?

O, imagina que tenemos que pagar por esa publicación. Si tuviésemos una buena primera frase, tal vez esa publicación hubiese traído todo el negocio que necesitamos. Y si nuestra primera frase fuese mala, tendríamos que pagar por 10 publicaciones, diez veces más, para conseguir el mismo número de prospectos.

Así que, ¿qué más podríamos decir?

Está bien, tiene sentido tener mejores primeras frases en las redes sociales. ¿Qué tal algunas pocas ideas para echar a andar tu imaginación?:

* "Desayuno secreto ayuda a quemar grasa mientras conduces al trabajo."

* "Abuela de 69 años cambia su dieta, se libera de la artritis, y comienza a enseñar karate."

* "9 razones de peso para renunciar a tu empleo ya."

* "Tres preguntas que debes de hacer a tu jefe mañana."

* "Cómo extender esas vacaciones de dos semanas."

* "Folleto gratuito te muestra cómo mantener sanos a tus hijos."

* "Incrementa tu ingreso en $450."

* "Fuerza de voluntad embotellada."

* "Cómo cambiar el tamaño de tu quincena."

* "Aquí hay una foto mía a las 9 de la mañana."

* "Toma diez 'coffee breaks' al día... y que te paguen por ello."

* "Aquí está cómo gano dinero por viajar.

* "Cómo obtener fines de semana de cinco días en lugar de dos."

¡Y el resto depende de ti!

¡Verás ejemplos de primeras frases geniales en todas partes! Sólo observa. Una vez que sepamos que las primeras frases son la clave, estaremos en una travesía de toda la vida para seguir mejorándolas.

Recuerda, algunos prospectos dirán: –No estoy interesado.

Pero, puede que no estén rechazando tu producto, tu servicio o tu oportunidad... pueden estar rechazando la manera en la que nosotros lo **describimos.**

Nuestro trabajo es dejar de culpar a los prospectos no interesados.

Nuestro trabajo es ser más interesantes.

153

¡GRATIS!

Consigue 7 mini-reportes de frases fabulosas, fáciles, para crear prospectos nuevos, calificados.

Descubre cómo sólo unas pocas palabras correctas pueden cambiar tus resultados en tu negocio de redes de mercadeo para siempre.

Consigue todos los siete mini-reportes gratuitos de Big Al, y el Reporte Big Al semanal gratuitamente con más tips sobre prospección y patrocinio.

Regístrate hoy en:

http://www.BigAlReport.com

TALLERES DE BIG AL

Viajo por el mundo más de 240 días al año impartiendo talleres sobre cómo prospectar, patrocinar, y cerrar.

Envíame un correo electrónico si quisieras un taller "en vivo" en tu área.

BigAlsOffice@gmail.com

MIRA TODA LA LÍNEA DE PRODUCTOS DE BIG AL:

http://www.FortuneNow.com

MÁS LIBROS DE TOM "BIG AL" SCHREITER

Los Cuatro Colores De Las Personalidades Para MLM.

Rompe El Hielo. Cómo Hacer Que Tus Prospectos Rueguen Por Una Presentación.

¡Cómo Obtener Seguridad, Confianza, Influencia Y Afinidad Al Instante! 13 Maneras De Crear Mentes Abiertas Hablándole A La Mente Subconsciente.

MLM De Big Al. La Magia De Patrocinar.

Cómo Prospectar, Vender Y Construir Tu Negocio De Redes De Mercadeo Con Historias.

Cómo Construir Líderes En Redes De Mercadeo Volumen Uno: Creación Paso A Paso De Profesionales En MLM.

Cómo Construir Líderes En Redes De Mercadeo Volumen Dos: Actividades Y Lecciones Para Líderes De MLM.

La lista completa está en:

http://www.BigAlBooks.com/spanish.htm

SOBRE EL AUTOR

Tom "Big Al" Schreiter tiene más de 40 años de experiencia en redes de mercadeo y multinivel. Es el autor de la serie original de libros de entrenamiento "Big Al" a finales de la década de los 70s, continúa dando conferencias en más de 80 países sobre cómo usar las palabras exactas y frases para lograr que los prospectos abran su mente y digan "SI".

Su pasión es la comercialización de ideas, campañas de comercialización y cómo hablar a la mente subconsciente con métodos prácticos y simplificados. Siempre está en busca de casos de estudio de campañas de comercialización exitosas para sacar valiosas y útiles lecciones.

Como autor de numerosos audios de entrenamiento, Tom es un orador favorito en convenciones de varias compañías y eventos regionales.

Su blog, http://www.BigAlBlog.com, es una actualización constante de ideas prácticas para construir tu negocio de redes de mercadeo y multinivel.

Cualquier persona puede suscribirse y recibir sus consejos gratuitos semanalmente en:

http://www.BigAlReport.com

Traducción por Alejandro González López

www.ingramcontent.com/pod-product-compliance
Lightning Source LLC
Chambersburg PA
CBHW071649210326
41597CB00017B/2157